KB102708

돈키호테, 햄릿, 파우스트

인간 의식 진화의 세 단계

TRANSFORMATION

로버트 존슨 융 심리학 시리즈 6

돈키호테,
햄릿,
파우스트

인간 의식 진화의 세 단계

로버트 A. 존슨 지음
이주엽 옮김

동연

『돈키호테, 햄릿, 파우스트』는 의식 진화에 관한 세 가지 주요 발달 단계를 말하는 책이다. 남성성에 초점을 두고 글이 전개되지만 그렇다고 내용이 남성의 전유물만은 아니다. 남성 못지않게 여성에게도 적용 가능하다는 사실을 분명히 말해두고 싶다. 이 책에 담긴 세 개의 이야기는 의식의 단계를 밟아가는 남성의 여정을 그리고 있다. 그러나 그 여정은 여성의 것이기도 하다. 영어에 남녀 모두의 특징을 담을 수 있는 용어가 마땅히 없어서 이 책에서도 남성 대명사와 관련 문헌만을 사용하게 된 점을 미리 밝혀둔다.[*]

로버트 존슨

[*] 저자의 의도를 살려 번역문은 한글의 성 중립적 표현을 사용했음을 알린다. 물론 문맥이 굳이 남성을 지목하는 경우를 제외하고…. (역자 주)

나는 번역이든 저술이든 한번 써 놓고 나면 다시 들여다
보긴 꺼린다. 배실물처럼 말이다. 누가 이유를 물으면 내
안에 작가 비슷한 게 있어서라는 식으로 얼버무린다. 내가
이해하기로 작가는 애초에 불가능한 작업을 하는 사람이
다. 백랍 촛농으로 이어 붙인 허약한 날개로 태양에 가까
이 다가가는 이카로스처럼 말이다. 언어는 실체에 다가갈
수록 녹아내린다. 그런 의미에서 작가는 신학자와 비슷하
다. 둘 다 말로 말할 수 없는 걸 말해야 하는 사람들이다. 물
론 현실에서 그들은 끝없이 말하고 끝없이 글을 쏟아낸다.
어느 쪽이 더 뻔뻔한 건지 잘 모르겠다. 암튼 실체의 언저
리만 맴돌다 추락한 날개의 잔해 같아서 나는 내 글을 다시
읽기가 싫다. 원고를 넘기고 기억도 아득한데 다시 보는 일

은 배설물을 확인하는 심정이랄까.

그런데 이렇게만 말하면 그래도 좀 있어 보이는 모양이다. 말과 글의 한계에 옴짝달싹 못 하는 고뇌하는 지식인 뭐 그런 이미지로 말이다. 유치하게도 내 안엔 우쭐대는 아이도 있다. 어디서 글이 좋다, 번역이 좋다, 이런 소리 들으면 '호, 그래?' 새삼 두어 페이지 뒤적여본다. 어느 때는 뽕이라도 맞은 양 자기도취에 젖어 상당량을 다시 읽기도 한다. 나는 이 우쭐대기 좋아하는 세 살짜리와 고뇌하는 작가의 모순을 해결하지 못한다. 그냥 그렇게 진퇴양난인 채로 산다.

이번에 이 책을 번역하면서 표현 하나를 얻었다. 내 안에 돈키호테도 살고, 햄릿도 산다고 말이다. 어느 때는 햄릿처럼 고뇌하고, 어느 때는 돈키호테처럼 우쭐댄다. 그 모순을 스스로 해결할 수 없어 하늘의 자비를 빈다. 이런 나를 어쩌면 좋으냐고 말이다. 그러고 보면 내 안에 돈키호테와 햄릿만 있지 않다. 파우스트도 있다. 본문은 파우스트를 구원의 의식이라 한다. 자기 부인, 자기 비움이 없는 구원이 어디 있겠는가?

어떤 철학자가 현대는 좀처럼 늙지 않는 대신 불시에 죽는 시대라 했다. 이 책이 말하는 파우스트 1부의 비극이 만연한 탓일 것이다. 젊음을 예찬하는 문화에서 젊음은 인생의 자격이다. 젊지 않은 사람은 인생을 제대로 누릴 자격이 없다. 역설적이게도 현실에서 생물학적 젊은 세대는 생존에 급급하다. 반면 경제적 여유가 있는 중년들이 젊음을 독차지한다. 이들에겐 젊음을 되돌려주는 메피스토펠레스의 마법이 있다. 성형이나 약물 같은 현대 기술, 젊음을 상징하는 기호품들이다. 이들은 젊음을 위해서라면 기꺼이 뱀파이어가 되어 피를 빨 것이다. 이 책에 빗대자면, 젊은 날 햄릿처럼 고뇌하던 세대가 파우스트 1부 언저리를 헤매고 있다. 고뇌를 훈장 삼아 청춘을 독점했다고나 할까. 좀처럼 2부로 넘어가질 못한다.

돈키호테나 햄릿, 혹은 파우스트가 의식의 중심에 있을 때 우리는 세상을 다르게 보고 다르게 해석한다. 그래서 세상의 갈등은 치유하기가 어렵다. 서로 다른 세상, 다른 매트릭스를 살기 때문이다. 로버트 존슨이 들려주는 이야기는 이런 세상을 최소한 이해할 수는 있게 도와준다. 개인은 물론이고 세대나 집단을 이해하는 데도 창이 되어준다. 내가 보기에 요점은 이것이다. 우리는 돈키호테를 넘어 햄릿, 햄릿을 넘어 파우스트의 의식으로 나아가야 한다. 세상은 시비가 끊이지 않고, 화해의 가능성은 잘 보이지 않는다. 지금 세상에 절실히 필요한 것이 파우스트의 의식이다. 그런데 파우스트는 자기 안에 돈키호테와 햄릿을 안고 넘어서 있다. 지우고 초월한 게 아니다. 그래서 도리어 진정으로 포용하고, 진정으로 다원적이다. 그리고 진정으로 통합을 이룬다. 자신이든 세상이든 이렇게 이해할 필요가 있다.

이주엽

차례

인간 의식의 세 단계

인간에게 세 가지 의식 수준이 있다고 보는 전통이 있다. 단순한 simple 의식은 현대 기술 사회에서는 찾아보기 힘든 수준이다. 복잡한 complex 의식은 교육받은 서구인의 평균 의식이다. 깨달은 enlightened 의식 상태는 극소수에게만 해당한다. 인간 진화의 정점이라 할 이 깨달은 의식은 의욕과 더불어 상당한 노력과 훈련을 거쳐야만 얻을 수 있다.

여러 나라 격언을 살펴보면 거기에도 이 세 가지 의식 수준이 들어 있다. 예를 들면 이런 식이다. 단순한 사람은 저녁에 집에 오면서 오늘은 뭘 먹을지 생각한다. 복잡한 사람은 헤아릴 수 없는 운명의 기이함을 생각하며 집에 온다. 그런데 깨달은 사람도 저녁에 뭘 먹을지 궁금해하며 집에 온다. 단순한 사람과 깨달은 사람은 비슷하다. 인생을 단순하게 직관하고 거기 반응한다. 이 둘의 차이는 깨달은 사람에겐 자각이 있지만, 단순한 사람은 그렇지 못하다는 점이다. 한편 복잡한 사람은 염려하는 데 시간을 쓰느라 거의 늘 불안 상태이다.

선가禪家 격언에는 이런 말이 있다.

내가 젊고 자유로울 때 산은 산이고, 물은 물이고, 하늘은 하늘이었다. 그런데 길을 잃자 산이 더는 산이 아니고, 강도 강이 아니었으며, 하늘도 하늘이 아니었다.

견성見性(깨달음을 가리키는 선불교 용어)을 얻자 산은 다시 산이고, 물은 다시 물이고, 하늘은 다시 하늘이었다.

성서 전통은 이를 에덴동산의 소박한 완전함에서 온갖 혼돈을 거쳐 마침내 하늘의 예루살렘에 이르는 과정으로 표현한다. 거기서도 다시 세 가지 의식 수준이 등장한다.

심리학의 전통도 이러한 세 수준의 실재를 인정한다. 프

리츠 쿤켈Fritz Kunkel은 1930년대에서 1950년대까지 로스 앤젤레스에서 활동한 심리치료자다. 그는 인간이 붉은 피에서 창백한 피, 이어 황금색 피 의식으로 나아간다고 보았다. 단순한 의식에서 우월한 의식으로 이행됨을 말한다. 나름의 방식으로 우리에게 세 가지 의식 수준이 있음을 말한 것이다. 에스더 하딩Esther Harding 박사도 인간의 심리 에너지가 세 가지 방식으로 표출된다고 보았다. 본능, 에고 의식, 자기the Self에 내맡긴 의식이 그것이다. 즉 인간의 심리 에너지는 본능에 따라 행동하는 방식에서 에고의 통제를 받는 식으로 진화한다. 그런데 거기 머물지 않고 더 나아가 자기의 통제하에 맡겨야 한다. 자기란 우리가 신, 깨달음, 견성, 삼매三昧* 등으로 다양하게 부르는 상위 의식이다.

복잡한 의식이 지배하는 서구 사회에서 단순한 의식의 사례를 찾기란 어렵다. 그런 의식은 소수 유색인종이나 여성에게 해당하는 특성으로 투사해버린다. 그러고는 그들이 단순하다며 비웃는다.

소로Thoreau는 월든 호숫가에 살면서 복잡한 의식을 지녔

---

* 불교 용어로 잡념을 버리고 하나의 대상에만 마음을 집중시키는 경지. (편집자 주)

던 한 남자가 단순한 삶을 되찾는 과정을 기록했다. 1960년대 반문화운동은 단순함을 되찾고, 어머니 지구와 자연을 만나려는 시도였다. 마하트마 간디는 인도 전체가 물레로 상징되는 단순한 의식을 잃지 않기를 바랐다. 인도인 누구나 물레를 돌려 손수 옷을 짓고, 집과 화장실을 고치고, 청소하는 식으로 말이다. 인도는 간디의 충고를 잘도 비켜갔다. 간디를 성인의 반열에 올려 고립시켜 놓은 오늘날의 인도는 간디와 무관하다.

내가 처음 인도에 갈 때 사람들은 내가 받을 충격을 경고했다. 거리의 나병 환자, 방치된 시체, 불구 아동, 거지 등을 말이다. 모두 사실이었고, 나는 한껏 그 어두운 충격을 견뎠다. 그런데 그 사람들이 그리 행복할 줄은 몰랐다. 그 점은 누구도 언급하지 않았다. 도무지 행복할 거리가 없어 보이는데 사람들은 견고한 행복감 속에 살고 있었다. 나는 정말 놀랐다. 단순한 사람은 욕망의 목표를 추구하는 대신 내면세계의 풍성함에서 행복을 찾는다는 사실을 목격한 것이다.

나중에 '행복하다 happy'라는 말의 어원을 찾아봤다. '일어나다 happen'라는 동사였다. 그러니까 행복이란 단순히 일어나는 일을 관찰함으로써 찾을 수 있다. 점심 먹을 생각에 행복할 수 없다면 어디서도 행복을 찾지 못할 것이다. 일어나는 일이 행복이다.

단순한 사람은 이런 의식으로 산다. 바깥 환경이 어찌 됐든 풍성한 내면세계에서 행복을 찾는다. 깨달은 의식을 지닌 사람도 이 소중한 사실을 안다. 그래서 행복의 철학과 태도로 산다. 이런 사람에겐 행복이 내면세계와 객관적 사실을 이어주는 가교다. 단순하기만 한 사람은 이런 연결이 불가능하다.

이 책에서 돈키호테는 단순한 사람의 대명사로 등장할 것이다. 그는 내면세계, 그 상상의 화려한 세계를 잘 안다. 하지만 외적 사실과 현실을 희생시키고 그렇게 한다. 내면세계에 집중하는 삶의 방식은 풍성하고 오래갈 수 있다. 그러나 더 뛰어난 사람은 외부 현실을 외면하지 않으면서 그렇게 한다. 복잡한 사람은 단순한 행복의 태도를 놓쳐서 신이 있는 대로의 그러함임을 이해하지 못한다. 그래서 늘 걱정과 외로움, 불안에 사로잡혀 산다.

어느 힌두 스승은 나에게 그냥 행복한 것이 신에게 드리는 가장 지고한 예배라고 했다. 이런 행복은 단순한 사람과 깨달은 사람만 안다. 복잡한 사람은 늘 의식의 경계에서 산다. 과거에 대한 향수, 알 수 없는 미래에 대한 기대 사이를 오가며 살 따름이다.

낙원에서 추방된

복잡한 인간, 한 세대 전체가 『희랍인 조르바』에 열광하고 대리만족을 느꼈다. 이 소설은 삶의 생명력을 직접적으로 경험하는 어느 촌스럽고도 멋진 그리스인이 주인공이다. 이 세대는 헤밍웨이 소설에도 열광했다.* 투우와 영웅이 등장하는 그의 소설이 사무실에 갇혀 허여멀건한 사람들에게 활력을 준 것이다.

우리는 복잡한 의식이 바람직하다는 정당화될 수 없는 견해에 사로잡혀 있다. 그래서 우리 자녀들도 최대한 빨리 단순함에서 벗어나도록 세심하게 교육한다. 부모는 자녀가 이른 나이에 읽고 쓰거나 컴퓨터를 다룰 줄 알면 매우 자랑스럽게 여긴다. 덕분에 아동기를 박탈당한 아이들이 양산

---

* 헤밍웨이도 자기 꿈대로 살지 못하고 허세가 꺾이자 자살하고 말았음이 슬프다.

된다. 너무 일찍 에덴동산에서 추방된 아이들은 훗날 신경증을 일으키고 만다.

현대 이전 그리고 저개발 세계의 어떤 사회에서는 사람들이 단순한 의식으로 사는 게 당연했다. 단순한 의식이라는 에덴동산에서 벗어나는 일은 복잡한 의식을 거쳐 더 높은 의식으로 갈 가능성이 입증된 사람들에게만 허용됐다. 따라서 소수만이 전의식前意識*에서 벗어나 복잡한 의식을 획득했다. 중세 가톨릭은 오직 소수만 교육받고 사제나 성인이 되게 하고 대다수는 무지한 농민으로 살다 죽게 했다는 비난을 받는다. 교회가 갈릴레오를 나무란 이유는 그의 주장을 거짓으로 판단해서가 아니다. 아직 들을 준비가 안된 사람들에게 발설했다는 이유였다.

복잡한 의식은 우리 사회가 가장 존중하는 의식이다. 자유, 자기 결정권, 선택과 같은 복잡한 의식의 자질은 어떤 대가를 치러서라도 얻어야 한다고 여긴다. 복잡한 의식을 얼마나 옹호하는지 그 방식을 저개발국에 무상으로라도 전해주어야 한다고 열을 올린다.

---

* '전의식'(preconsicious)은 심층심리학의 개념으로 아직 의식화되지 않은 의식의 미개발 영역을 말한다. (역자 주)

전통 인도 사회는 카스트제도에 기반을 두고 오직 소수만이 고도의 의식을 획득할 기회를 얻는다. 이들이 바로 사제와 스승, 신비주의자가 될 수 있는 브라만 계급이다. 브라만 다음으로 통치자와 전사 계급이 등장하는데 이들은 의식 계발에는 관심이 덜하다. 그 밑으로 상인과 노동자 계급이 이어진다. 이러한 카스트제도에서 대다수는 단순한 의식에 머문다. 더 높은 의식을 향할 기회는 오직 소수에게만 허용된다. 복잡한 의식을 통과할만한 역량이 있다고 여겨지는 계급에 속한 사람들이다. 물론 이러한 시스템은 단점이 없지 않다. 가장 큰 문제는 계급이 세습되는 것이라는 점이다. 따라서 계급이 늘 개인의 내적 역량을 말해주는 게 아니다. 그래도 전체적으로 이 시스템은 서구 사회 대중에 만연한 신경증을 피해간다.

의식에 관해 현대 서구의 태도는 고도의 의식을 향할 기회를 누구한테나 부여한다는 장점이 있다. 누구든지 필요한 노력을 기울일 의향만 있다면 주어진 복잡한 의식을 전환점으로 삼아 더 높은 의식에 이를 수 있다. 그러나 그게 쉬운 일이 아니므로 수많은 사람이 복잡한 의식에 머물고 만다. 더 높은 의식으로 나아가지도 못하고 단순한 의식의 평화로 돌아가지도 못한다. 현대판 소로Thoreau가 될 방법을 알거나 통찰을 지닌 사람은 거의 없다. 설령 그것만이 살아남을 길이라 느껴도 말이다. 칼 융은 "페르소나로 퇴행 회귀할" 위험성을 경고한다. 페르소나로의 회귀도 복잡한 의식의 고통에서 그보다 단순한 의식으로 물러나는 퇴행이다. 인생의 고통에 직면하여 페르소나로 퇴행하는 해결책을 쓰는 사람은 그러잖아도 힘든 인생을 더 복잡하게 만든다. 단순한 의식에서 한번 벗어나 복잡한 의식에 진입한 사람은 다시 단순한 농부나 '붉은 피'의 인간으로 돌아가지 못한다. 성서가 말하듯 에덴동산에서 한번 추방되면 다시는 그리로 돌아갈 수 없다. 천사가 불의 칼을 들고 막아섰기 때문이다. 그저 단순해지는 것만으로는 귀향할 수 없다.

이 책에서 나는 의식의 세 가지 수준을 다루고자 한다. 이를 2차원 인간, 3차원 인간, 4차원 인간으로 표현할 것이다. 세르반테스, 셰익스피어, 괴테 이 셋을 들여다볼 텐데 이들의 문학작품이 세 의식 수준을 잘 보여주기 때문이다.

세르반테스가 쓴 돈키호테는 2차원적 인간, 즉 중세적 인간이다. 돈키호테는 중세 기사의 복장과 기사도로 무장하고 반쯤 코믹한 모습을 보인다. 하지만 이는 그가 인생에서 상실한 것의 모조품이다. 셰익스피어는 〈햄릿〉으로 실수 없이 정확성에 집착하는 복잡한 인간을 그린다. 한편 괴테는 〈파우스트〉를 통해 햄릿이 실패한 지점을 넘어 흔히 구원이라 부르는 의식 수준으로 우리를 안내한다.

이 세 작품을 통해 이생에서 성취 가능한 의식 진화의 과정을 더듬어볼 것이다.

| 1부 |

2차원 인간,
돈키호테

우리는 세르반테스의 유명한 〈돈키호테〉에서 2차원 인간, 즉 농부 같은 단순한 인간에 가장 가까운 초상을 볼 수 있다. 17세기 초 스페인은 중세 세계를 벗어나고 있었다. 소설은 스페인에서 내려오는 전설을 바탕으로 한다. 소설 속 등장인물들의 단순성이나 젊음의 특징 같은 것은 현대의 3차원 인간에 이르러 죄다 사라졌다.

　〈돈키호테〉는 미겔 데 세르반테스Miguel de Cervantes Saavedra의 소설이다. 1547년 태어난 그는 사실 이 소설 하나 말고는 볼 게 없는 인물이다. 세르반테스는 비참한 인생을 살았다. 마르셀 프루스트가 그랬던 것처럼 말이다. 실패한 인생을 살았는데 희한하게 그의 소설이 걸작으로 남은 것이다.

세르반테스는 역경을 글로 옮기는 재주가 있었다. 그의 소설 속 주인공처럼 말이다. 그는 동東지중해 레판토 전투에 가담했다가 팔 하나를 잃는다. 게다가 귀향하는 중 무어인들에게 포로로 잡혀 노예가 된다. 5년간 노예살이를 한 후 몸값을 치르고 간신히 스페인으로 돌아올 수 있었다. 그는 여러 직업을 전전하며 간신히 먹고 산다. 그 사이 사생아를 하나 낳기도 하고, 나이 쉰 살에 이르러 열아홉 처자와 결혼하기도 한다. 하지만 이내 그녀를 떠났고, 더러운 단칸방에서 말년을 보낸 게 전부다.

이렇게 말도 안 되는 형편에서 세르반테스는 〈돈키호테〉를 썼다. 소설은 마치 자신의 2차원적 삶이 하늘의 신비로운 직통 계시라도 되는 양 살았던 한 서정시인의 자화상이라고 할 수 있다. 소설은 즉각 히트를 거두지만 이내 수입과 명성을 훔치려는 자들의 해적판이 범람했다. 세르반테스는 속편을 썼으나 전편만큼 창의적이지 않았다. 오래지 않아 그는 사망한다. 여전히 가난하고 비참한 채로 말이다.

소설의 주인공은 돈 알론소라는 17세기 스페인의 평범한 인물이다. 교육을 많이 받지도, 지위가 높지도 않다. 알론소는 나이 오십이 되기까지 기사도에 관한 책을 많이 읽는다. 별 볼 일 없는 자기 인생에 진력이 난 그는 기사와 기사도의 신나는 삶에 매료되고 만다. 그는 자기 이름을 돈키호테라고 짓는데, 사실 이는 중세 갑옷에서 허벅지와 성기 부위를 지칭하는 이름이다. 그는 상상 속에서 자신을 '코드피스Codpiece'(남성 성기를 보호하기 위해 아랫도리에 넣는 보호대) 경卿이라고 생각한 것이다. 성배 전설에서 허벅지 상처를 입은 어부왕을 기억하는가?* 돈키호테는 반대로 그 상처를 당하지 않은 자다. 왜냐면 갑옷으로 해부학상 신체의 민감한 부위를 감쌌기 때문이다. 그 부위에 상처를 입은 어부왕은 고통받고, 비탄으로 신음하고, 염려하며 초조해한다. 하지만 그 상처는 평생 낫지 않는다. 반면 돈키호테는 자유롭고, 낙관적이며, 행복하고, 자기 확신에 차 있다. 2차원 인간의 주된 특성인데, 우리로선 그런 확신과 확실함이 그저 부러울 따름이다. 에덴동산의 고통스러운 추방을 경험해본 적이 없기에 2차원 인간은 무의식적 완전함의 상태에 머물러 있다.

---

* 로버트 존슨, 고혜경 역, 『신화로 읽는 남성성 He』(동연, 2006)을 보라.

한 쌍의 원형

돈키호테에게는 '산초 판자'(올챙이배라는 뜻)라는 시종이 있다. 그 둘은 한 쌍의 원형을 이룬다. 돈키호테는 키가 크고, 행동거지도 품위가 있으며, 이상주의자로서 판 데 트라스트리고pan de trastrigo, 즉 "밀보다 나은 것으로 만든 빵"(성체 빵을 가리키는 표현)을 추구한다. 반면 산초 판자는 키가 작고, 뚱뚱하며, 실용적이고, 즉각적이며, 음식을 탐한다. 성서에도 이리한 쌍이 등장하는데 가인과 아벨, 야곱과 에서, 다윗과 요나단 등이 있다. 머트와 제프Mutt and Jeff 같은 연재만화 주인공, 애벗과 코스텔로Abbot and Costello 같은 코미디 듀오도 그러한 한 쌍이다. 누구나 심혼에 있는 에고와 그림자 같은 양극은 모든 면에서 다르지만 서로 분리 불가하다.

시인 W. H. 오든은 돈키호테와 산초 판자에 대해 빛나는 글을 썼다. 좀 길더라도 여기 인용해보겠다.

그 우스꽝스럽고 둔한 시종이 없었다면
음울한 기색의 기사는 불완전했으리라.
산초 판자가 돈키호테를 따라나선 이유는

겉으로는 장관직을 약속받아서였지.

하지만 그것은 돈키호테가 순전히 상상으로 한 말.

결국에 드러난 산초 판자의 동기는 첫째는 재미,

둘째는 주인에 대한 사랑이었어.

산초 판자가 보기에 세상은 변화가 필요했지.

하지만 그 자신이 변화시킬 생각은 없었어.

그렇지만 그는 결국 삐딱한 기사 역할을 해야 했고,

고뇌에 찬 주인을 불운에서 구해내지.

돈키호테는 세상을 바꾸고 싶었지만

세상이 어떻게 생겨 먹었는지 도무지 몰랐어.

산초 판자의 성격 말고는

돈키호테는 아무것도 바꾸지 못했지.

그러니 그 둘은 영원히 이어질 수밖에.

돈키호테는 산초 판자가 필요했어.

자신에 대한 환상을 품지 않고 있는 그대로

사랑해 주는 그가….

산초 판자는 돈키호테가 필요했어.

감정과 무관하게 평생 충성을 바칠 대상이….

산초 판자로부터 돈키호테를 떼어놓으면

그는 거의 순전히 육체요, 즉각적인 감정만 남고
의지 같은 건 없는 쾌락주의자 이방인으로서
물질 빼곤 모든 걸 거절했으리라.
반대로 돈키호테로부터 산초 판자를 빼면
그는 거의 순전히 영만 남아
마니교 신자가 되어 물질과 감정을 거부하고
자아 중심적 의지 말곤 남지 않았으리라.

여기에 늙고 비루한 말 '로시난테'("그가 따르는 그녀"라는 뜻의 이름)마저 있어 이 한 쌍의 우스꽝스러움은 그 완성도가 높아진다.

상상의 여정

돈키호테와 산초 판자는 둘시네아로 상징되는 인생의 달콤함을 찾아 여정을 떠난다. 기사도의 여정은 중세 사람들의 이상이다. 돈키호테는 무심결에 둘시네아가 실존하는지 미심쩍다는 말을 하면서도 여전히 그녀에게 목숨을 바치겠다고 맹세한다. 그들은 둘시네아를 찾을 수 없다. 그래도 둘시네아는 그들의 여정을 처음부터 끝까지 지속하게 만드는 활력이다. 그녀는 중세 남성들이 영원히 그리워했던 미녀이다. 돈키호테가 내뱉었듯 실존하든 아니든 간에 말이다. 그녀는 찾는 사람 마음에만 존재할 뿐이다. 2차원 인간에게는 그걸로 족하다. 그는 어차피 내면의 상을 외부 현실과 대조할 생각을 하지 않는다. 그럴 생각을 하는 순간 2차원 인간의 특질은 회복 불가능하게 사라진다.

2차원 인간은 내내 환상과 상상의 세계에 산다. 이 오류 없는 세계는 실망을 주지 않는다. 에덴동산이요, 완전한 세계요, 믿을 만한 세상이다. 그런데 이 세계가 돈키호테를 외부 세계의 실패자로 만든다. 〈돈키호테〉를 3차원 의식에서 검토하면 무익함과 유치함에 대한 교훈임을 알 수 있다. 현대인은 대개 〈돈키호테〉를 그런 관점으로 본다. 중세의 어리석음이 드러나는 이야기로 말이다. 이 편견을 잠시 제쳐둘 수만 있으면 우리는 이 걸작이 보여주는 내면세계의 진실을 만날 수 있다. 돈키호테는 현실이 아니라 시를 짓는 존재다. 천상, 사랑, 이상, 희망, 정의, 기사도, 영원, 이 모두는 그의 내면세계에서 외부 세계의 현실만큼이나 분명한 실체다. 돈키호테의 이러한 낙천성이 주변의 모든 걸 망

친다. 하지만 결국은 그가 옳았다. 돈키호테가 검에 의지할 때는 늘 패배한다. 승리하는 건 그의 시적 상상력이다. 토마스 만Thomas Mann은 돈키호테를 "환상으로 위장한 순수한 영"이라 한 적이 있다. 좋든 싫든 진정한 영웅은 시인일 수밖에 없다. 도대체 영웅주의가 시가 아니라면 무엇인가? 2차원 인간의 비전이 그것이다. 3차원 인간에겐 향수고 환상이지만 말이다.

모험

외부 세계의 눈에 돈키호테와 산초 판자의 모험은 실패담일 뿐이다. 하지만 돈키호테 자신은 패배를 모른다. 그는 내면의 현실만 알 뿐이고, 이 세계는 언제든지 손에 넣을 수 있다. 3차원 인간으로선 도저히 받아들일 수 없는 모습이기에 둘 사이에 접점은 없다. 오직 4차원 인간만이 둘 사이에 가교를 놓을 수 있다. 4차원 인간은 내면세계와 외부 현실 모두에 충실하기 때문인데 이 점은 나중에 살펴볼 것이다.

돈키호테와 산초 판자의 두 개의 모험을 따라가 보기로

하자. 가장 유명한 사건은 물론 풍차와 벌인 전쟁이다. 이 사건은 전체를 인용할 만하다.

그때 두 사람은 들판에서 30~40개쯤 되는 풍차가 서 있는 걸 보게 되었다. 돈키호테는 풍차들을 노려보며 창을 겨누더니 이렇게 말했다. "행운이 우리를 이끌어 바라던 것보다 더 많은 걸 얻게 하는구나. 저놈들 좀 보아라, 나의 친구 산초 판자여. 내가 전투를 벌여야 할 무법자 거인들이 서른도 더 되는구나. 저놈들을 모조리 없애 버리고 전리품도 누리도록 하자. 이는 실로 의로운 전쟁이며 하느님을 섬기는 일이 아닐 수 없다. 이 땅에서 저 저주받을 종자들을 쓸어버리는 일이니 말이다."

"거인이라고요?" 산초 판자가 말했다.

"저기 보이는 저놈들 말이다." 돈키호테가 대답했다. "팔이 얼마나 긴지 팔 하나가 이십 리는 되어 보이는구나."

"아니 주인님, 저것들은 거인이 아니라 풍차인데요. 팔이 아니라 날개고요. 바람이 불면 돌아서 맷돌을 움직이게 만들지요."

"그건 네가 이런 모험에 경험이 없어서 그렇게 보는 거다." 돈키호테가 말했다. "무섭거든 비켜라. 내가 이 비할 데 없는 맹렬한 전투를 치르는 동안 기도나 하여라."

돈키호테는 거인이 아니라 풍차라는 산초의 말을 무시하고 로시난테에게 박차를 가하면서 공격을 개시했다. 풍차에 가까이 다가가면서도 그것을 제대로 보지 않고 가슴만 부풀어 소리쳤다. "달아날 생각 말아라, 이 비겁하고 사악한 놈들아! 여기 네놈들이 상대해야 할 기사가 있다!"

때마침 바람이 살짝 불어 커다란 풍차 날개가 돌기 시작했다. 그러자 돈키호테가 소리쳤다.

"네놈이 아무리 브리아레오스° 만큼 많은 팔을 가졌어도 내게 대가를 치러야 한다!"

돈키호테는 온 힘을 다해 로시난테를 몰면서 방패를 몸을 가리고 창을 겨눈 채 마주친 첫 번째 풍차를 공격했다. 그가 풍차 날개를 막 창으로 찌르려는 순간 마침 바람이 불어 풍차가 세차게 돌았다. 창은 하릴없이 산산조각이 났고 말과 기사도 휩쓸려 붕 떴다가 바닥에 패대기쳐졌다.

이를 본 산초 판자가 주인을 구하려고 당나귀를 타고 최대한 빨리 달렸다. 하지만 도착해보니 돈키호테는 몸을 움직이지도 못하는 상태였다. 그만큼 세게 바닥에 떨어진 것이다.

° 머리는 오십, 팔을 백 개인 괴물의 이름-역자 주.

"아이고 맙소사!" 산초가 소리쳤다. "제가 잘 보시라고 했잖아요. 이게 풍차가 아니면 뭡니까? 도대체 머릿속에 다른 게 들어 있지 않고는 어떻게 그걸 모르실 수가 있습니까?"

"시끄럽다, 나의 친구 산초." 돈키호테가 말했다. "이런 게 전쟁이다. 전쟁에서는 모든 게 계속 바뀌는 법이다. 게다가 지금 생각난 건데 내 책과 연구 업적을 훔쳐 갔던 못된 마법사 프레스톤이 이 거인들을 풍차로 둔갑시킨 모양이다. 내가 거인들을 제압하는 영광을 누리는 게 싫었겠지. 나를 그렇게나 미워하는구나. 하지만 결국은 그의 사악한 마법은 나의 신실한 검을 이기지 못할 것이다."

"아이고, 하느님 뜻대로 이루어지소서." 산초 판자는 그렇게 말하고 돈키호테를 부축해서 다시 로시난테 위에 올라타게 했다. 돈키호테는 어깨가 반쯤 탈골된 상태였다. 그런 곡절을 겪었음에도 돈키호테는 푸에르토 라피세의 길을 따라 모험을 계속하자고 주장했다. 돈키호테는 길을 가면 갈수록 더 많은 모험을 만날 게 틀림없다고 장담했다. 그로서는 창이 산산조각 난 것만이 아쉬울 따름이었다.

"하느님 뜻대로 이루어지이다." 산초가 말했다. "저는 주인님 말씀을 다 믿습니다. 여하튼 안장 위에서 몸을 좀 펴 보십시오, 아무래도 허리가 한쪽으로 비틀어진 것 같아요. 아까 떨어지실 때 다치신 게 틀림없습니다."

그리고 산초는 이제 끼니때가 되었음을 돈키호테에게 일러주었다.

풍차와 창싸움을 벌인 이야기는 서양 언어 어디에나 스며들어 환영이나 망상과 싸우는 어리석음의 상징으로 자리 잡았다. 외적으로 보면 맞는 말이다. 하지만 내적으로 보면 어린아이나 단순한 2차원 인간이 벌이는 상상 속 영웅의 전투다. 때로 이런 전투는 용이나 괴물을 상대로 벌어지는데, 어린아이라면 누구나 내면의 풍경에 그런 것이 들어있다. 물론 누구나 용이 실존하지 않음을 안다. 그래도 사람들은 반복해서 '용'의 저주에 걸린다. 언짢은 기분에 사로잡히는 것인데 보통 남자들이 어린 시절 어머니 콤플렉스를 제대로 해소하지 못한 심리 역동이 원인이다.

돈키호테가 풍차와 싸우는 것, 영웅이 용과 싸우는 것이 현대인에게는 침울한 기분과 싸우는 게 되었다. 돈키호테의 전투를 아이 같은 상상이라 비웃으며 웃어넘길 수 있다. 하지만 잘 생각해보면 현대인들에게도 결코 이상한 것은 아니다. 우리가 은연중 돈키호테에게 공감하는 이유가 거기에 있다. 돈키호테는 노골적인 형태로 드러난 현대인의 자화상이다.

이 상상의 중세 여행에서 또 하나의 사건은 돈키호테가 어느 마을에 들어가 높이 솟은 성을 발견했을 때다. 그는 자신처럼 고귀한 기사가 오면 시종이 성벽에 나와 나팔을 불어야 할 거 아니냐고 불평한다. 돈키호테는 양치기의 뿔 피리를 성내 귀족들에게 자신이 왔음을 알리는 나팔로 상상한다. 그리고 거리에서 마주치는 행실이 의심스러운 여자들을 궁정의 귀부인인 양 찬양해 마지않는다. 이들과 우스꽝스러운 대화가 오가지만 여자들은 그저 뭘 팔아먹을 생각뿐이다. 하지만 돈키호테는 그 여자들을 상상 속 고귀한 숙녀로 대한다. 그가 하도 확신에 차서 예의를 갖추는 바람에 거리의 여성들은 잠시나마 궁정의 귀부인들로 변신한다. 그의 기대대로 말이다. 돈키호테와 산초는 어느 여관에 들어가는데 그들은 거기 차려진 음식을 마치 자기들 신분에 맞는 진수성찬으로 여긴다.

여기서 다시 내적 현실과 외부 현실의 접점이 등장한다. 내면이 외부를 능가해버리지만 말이다. 3차원 사고로 보면

이 이야기는 풍차 사건 못지않게 어리석다. 하지만 2차원 상상의 왕국 관점에서 로맨스와 기사도의 흔들림 없는 현실일 뿐이다. 이렇듯 2차원 인간은 내면이 외부를 이기는 세상을 살고 있다.

내게 이런 이치를 가르쳐준 돈키호테 같은 사건이 있었다. 어떤 젊은이가 자기 여자친구를 데리고 나를 만나러 왔다. 다들 무슨 말을 해야 좋을지 몰라 만남은 내내 삐걱거렸다. 내가 이런저런 대화거리를 내놓아도 여자친구는 반응이 없었다. 어색한 침묵이 흐르는데 갑자기 그녀가 벽에 걸린 류트(14~17세기에 유행한 기타 비슷한 현악기)에 관심을 보였다. 류트를 그녀의 손에 건네주면서 어색함이 풀리기 시작했다. 분위기를 바꾸고 싶은 절박한 마음에 나는 돈키호테 같은 모험을 시작해 그녀가 피렌체풍 그림 속 류트를 든 여인 같다고 말했다. 이 말이 마법처럼 그녀 안의 2차원 세계를 일깨웠다. 이 일로 여자를 숙녀처럼 대하면 숙녀처럼 반응한다는 놀라운 사실을 배웠다. 그때부터 대화가 풀리면서 따뜻한 인간적 교류가 일어났다. 그런데 자기 여자친구를 데려왔던 젊은이는 나중에 내가 자기들의 관계를 망

쳤다고 불평했다. 그날 이후 여자친구는 내내 류트를 든 숙녀 노릇 하기에 바빴기 때문이다. 내면세계의 힘은 이렇게 강하다.

돈키호테 이야기는 음울한 비망록으로 끝난다. 믿음과 영웅주의로 물든 수많은 사건을 겪은 뒤 돈키호테와 산초 판자는 고향으로 돌아온다. 돈키호테는 병상에 누워 죽어 간다. 비로소 그는 제정신을 차리고 그간의 모든 사건이 사실은 자신의 비현실적 상상의 산물임을 깨닫는 순간을 맞이한다. 돈키호테가 산초 판자 앞에서 이 말을 하자 역할이 뒤바뀌어 이번엔 산초가 둘시네아를 찾는 여정을 다시 시작하자고 주장한다. 이번엔 틀림없이 인생의 달콤함을 찾아내고 기사도의 이상을 이룰 수 있다는 것이다. 그러나 돈키호테는 숨을 거둔다. 인생 마지막 몇 시간을 그는 3차원 인간으로 산 것이다. 더 높은 의식으로 나아가는 데 필요한 과정이다.

이 이야기의 기적은 돈키호테가 산초가 되고, 산초가 돈키호테가 되는 역전이다. 기사와 기사도의 진정한 여정이란 에고와 그림자가 서로 만나는 데 있다. 그래서 돈키호테와 산초 판자의 차이로 대변되는 인격의 분열을 누그러뜨리는 것이다. 이 분열은 아직 그렇게 극적으로 보이진 않는다. 하지만 마지막에 가서 파우스트와 메피스토펠레스로 더 강하게 인격화된 분열에 이르면 훨씬 진하게 드러날 것이다.

우리는 이제 또 다른 영웅 햄릿을 살펴볼 작정이다. 햄릿도 인생의 마지막 순간에 4차원이라는 더 높은 의식을 향할 힘을 얻는다.

뒤로 앞으로: 세르반테스와 셰익스피어

세르반테스와 셰익스피어는 비슷한 시기를 살았다. 심지어 그들은 같은 날 죽었다. 그레고리오력으로 1616년 4월 13일이다.* 〈돈키호테〉는 1605년 출간된다. 〈햄릿〉이 등장한 건 1603년 아니면 1604년이다. 둘은 마치 등을 맞댄 모양새다. 등을 맞대고 세르반테스는 뒤를 보았고, 셰익

---

* 17세기의 스페인은 율리우스력을 따르고 있었다. 반면 잉글랜드는 그레고리오력을 썼는데 이는 율리우스력보다 12일 늦다. 따라서 사망일도 12일 차이가 난다. 어느 쪽이든 두 사람이 같을 날 죽었다는 우연의 일치는 여전하다.

스피어는 앞을 보았다.

세르반테스는 자기 재능을 뒤로 향해서 유럽에서 저물고 있던 중세 의식을 살폈다. 그가 창작한 돈키호테라는 인물은 상처도 안 받고, 자의식적이지도 않으며, 흔들림 없는 믿음으로 현실의 부침과 무관하게 만사를 시적으로 바라본다. 세르반테스는 서구인의 유년기를 말한다. 아직 에덴동산에서 추방된 고통의 충격을 덜 받던 그 시대를 말이다. 그 누구도 2차원 인간을 돈키호테보다 더 잘 그려주지 못한다.

셰익스피어는 〈햄릿〉으로 앞을 바라본다. 〈햄릿〉은 장차 나타날 현대인을 진술한다. 이제 3차원 인간을 알기 위해 이 희곡에 눈을 돌릴 차례다.

| 2부 |

3차원 인간,
햄릿

우리는 〈햄릿〉을 살펴보면서 이 책의 가장 어두운 부분에 이르게 된다. 〈돈키호테〉의 인간은 그의 뿌리가 본능과 믿음에 있어서 자신에게 닥치는 모든 걸 용기 있게 구원해 낸다. 우리가 햄릿에게서 보는 건 비극의 인간이다. 그가 접하는 모든 건 혼돈과 실패로 귀착된다. 햄릿은 찢긴 인간, 비참한 인간, 고통받는 인간이다. "생각의 창백한 그늘에서 몸서리를 치는" 인간인 것이다. 거의 모든 면에서 돈키호테와는 반대다. 햄릿은 문학 전체에서 분열된 인간에 관한 설정에 있어 가장 으뜸이라 할 만하다. 도스토옙스키의 인물들 정도가 그나마 햄릿에 견줄 만하다.

세르반테스는 유럽 문명의 해당 단계를 벗어나면서 중세 인간을 멋들어지게 그렸다. 셰익스피어는 장차 유럽 문명의 중심이 될 인간형을 미리 보여준다. 늘 걱정하고 염려하는 인간은 우리 현대인의 자화상이다. 오늘날 대다수는 햄릿이다. 우리는 인생의 밝고 유쾌한 면을 잃지 않는 돈키호테와 아직 대다수 사람에게 도래하지 않은 고차원 의식의 파우스트 사이의 메마른 땅에서 산다.

햄릿을 이해하는 건 현대석 실존의 공허함과 고독에 대한 통찰을 얻는다는 것이다. 햄릿은 3차원 인간이다. 본능의 세계에 뿌리를 잃었고, 천상의 세계에 머리를 들이밀지도 못했다. 그래서 깨달음의 자양분을 얻지도 못한다. 햄릿은 새로운 인간의 선구자다. 남성성과 여성성, 존재와 행위의 역설을 치유하는 게 주된 과업이 될 새 인간형 말이다.

중국의 성인 노자는 이렇게 말한다. "양을 알고 음을 지키는 자는 천지의 통로가 될 것이다. 그에겐 덕이 그치지 않고, 그는 아이의 상태로 돌아간다."* 햄릿의 불행은 그가

* 완전한 상태 혹은 에덴동산과도 같은 상태를 노자는 이렇게 말한다.

이 신성한 상태 대신 분열과 비극만 맛볼 뿐 역설과 통합을 모른다는 데 있다(거기까지 진화하려면 파우스트가 등장하길 기다려야 한다). 햄릿에게 약점이 있다면 그를 둘러싼 패거리의 압력을 견디지 못하는 연약함이다.

추방

희곡은 햄릿이 왕이 되어야 마땅한데 오히려 추방당하는 일로 시작된다. 부왕이 죽자마자 햄릿의 삼촌이 왕위를 찬탈한다. 게다가 그 찬탈자는 과부가 된 지 한 달도 안 된 햄릿의 어머니와 결혼한다.

친구들이 햄릿에게 와서 밤마다 성벽을 떠도는 유령이 있다고 알려준다. 햄릿은 그 유령을 만나러 간다. 거기서 그는 자신이 억울하게 살해되었으니 왕위를 되찾아 자신의 복수를 해달라는 아버지의 음성을 듣는다. 그러나 햄릿은 끝없는 불확실성에 시달리며 파멸의 길로 들어선다. 내면에서 그 찬탈자를 죽이고 왕권을 되찾는 게 맞는지, 아니면 내면의 더 고귀한 부분에 귀를 기울여 이미 피로 물든 드라마에 피를 더하지 않는 게 맞는지 갈등이 일어난 것이다. 그는 결국 어떤 식으로도 행동하지 못한다. 에밀리 디킨슨은 "그는 우리 모두를 위해 흔들렸다"라는 말을 했다. 이 흔들리는 마음이 햄릿을 파멸시키는 3차원 인간의 특징이기도 하다.

양 갈래 길에서 마비되어 아무 결정도 내리지 못하는 햄릿을 보면 3차원 인간은 살아내기가 불가능하다는 사실을 깨닫는다. "생각이 4등분됐는데 그중 하나만 지혜롭고 나머지 셋은 비겁함"이 햄릿의 고질병에 대한 진단이다. 이 3차원 인간의 끔찍하고 제대로 살 수 없게 만드는 분열은 삶의 "사위성四位性", 즉 그 전체성이 둘-둘 혹은 셋-하나로 날서게 쪼개졌음을 의미한다. 햄릿은 넷을 보기는 한다. 하지만 그중 셋만 작동한다. 그러니 평화를 발견할 수 없다. 단순하기엔 너무 많이 알지만, 전체가 되기엔 충분치 않다. 파우스트를 기다려야 하는데 그도 정확히 셋-하나의 언어를 사용한다. 하지만 햄릿과 달리 분열이 아니라 통합을 위해, 자의식의 상처를 치유하기 위해서다.

나는 성배 전설에서 어부왕의 허벅지를 꿰뚫은 화살을 떠올린다. 이 화살은 빼지도 더 밀어 넣지도 못한다. 그냥 거기 박힌 채 곪아서 상처 입은 사람을 끝없이 고통당하게 만든다. 햄릿도 마비된 상태를 흔들어 떨어내지 못한다. 행동해야 할 필요성과 폭력에 대한 혐오 사이에서 이러지도 저러지도 못하는 것이다.

번민 가운데 햄릿은 문학사의 가장 유명한 독백을 쏟아낸다.

사느냐, 마느냐. 이것이 문제로다.

어느 편이 더 고귀할까. 매몰찬 운명의 돌팔매와 화살을

맞으며 마음의 고통을 겪는 것과,

번민의 바다를 팔로 밀쳐내고

반대하여 끝을 내는 것.

이제 그만하자, 잠들어 이 모든 것을 끝내자,

이 가슴 아픔, 이 수천 번의 충격을.

이 죽으면 끝날 몸뚱이를 벗어버리고

죽어, 잠들어, 다 끝나기를 바라나 볼까?

잠은 꿈을 불러올 텐데 그건 좀 문제로구나.

죽음이라는 잠 속에서는 무슨 꿈을 꾸게 될까?

이 유한한 운명의 줄을 떼어내고서라야

모든 걸 멈출 수 있을 텐데.

이것은 모든 3차원 인간을 괴롭히는 절망과 속박의 탄식이다. 불확실함에 시달리는 인간의 축도縮圖라 할 햄릿은 살아야 할지 죽어야 할지도 결정하지 못한다. 살 수도 없는데 감히 죽지도 못한다. 그는 주위의 모든 사람을 괴롭힌다. 자신과 가장 가까운 여인에게조차 그래서 자신의 삶을 더 감당할 수 없게 만든다. 그보다 못한 사람은 찬탈자 삼촌을 죽여버렸을 것이다. 그보다 나은 사람은 고투에서 물러나 운명과 신앙에서 답을 찾았을지 모른다. 삼촌을 죽이는 게 틀렸다는 말을 하려는 게 아니다. 햄릿의 우유부단함은 어떻게 할 수가 없다는 말이다.

중국 속담에 이런 말이 있다. "설려면 확실히 서라. 앉으려면 확실히 앉아라. 비틀거리지는 마라." 햄릿은 비틀거렸고 흔들렸으며 마침내 자기 파멸로 향했다.

그의 고백을 들어보자.

오, 이 단단한, 너무나 단단한 육신이 녹아버렸으면,
녹고 또 녹아 이슬이 되어 버렸으면!
아니면 영원하신 분이 그렇게 정하지 않았더라면
자살은 안 된다고 정하지 않았더라면! 오 하느님, 하느님!

세상은 어찌 이리도

지치고 고루하고 밋밋하고 무익한가!

제기랄, 이 세상이라는 잡초뿐인 정원

잡초만 씨를 뿌리는구나.

톨스토이는 이런 글을 썼다. "그는 사람들이 자신에게 불가능한 일을 계속하게 될 때 겪는 번뇌를 겪고 있었다. 일 자체가 어렵다기보다 자기 본성과 맞지 않는 일이기 때문이다."

장차 장인이 될 폴로니우스가 햄릿에게 다가올 모든 비극을 피할 만한 충고를 해준다. 하지만 햄릿은 그 충고를 따를 수 없다. "그 말은 그 자체로 진실이나 밤이 낮을 따르듯 실행에 옮겨져야만 합니다. 그전에는 누구에게도 진실이 될 수 없습니다."

햄릿의 이 같은 우유부단함이 폴로니우스(나중에 햄릿에게 피살되는)의 딸이자 햄릿의 연인인 오필리아를 몹시 괴롭힌다. 오필리아는 고통 중에 이런 탄식을 내뱉는다.

아버님, 제가 바느질을 하고 있었는데

햄릿 왕자님이 윗도리를 여미지도 않고

머리에 모자도 안 쓰고, 스타킹도 더러운데

대님도 매지 않아 흘러내려 발목에 걸치신 채

안색은 셔츠만큼이나 창백하고, 두 무릎은 서로 부딪쳐 벌벌
떨고

무서운 소식을 전하려고 지옥에서 풀려난 사람처럼

너무나 비참한 표정으로 제 앞에 나타나셨어요.

햄릿은 오필리아가 대체 무엇을 할 작정이냐고 캐묻자 "말, 말, 말"이라고 답한다. 3차원 인간은 과연 말만 할 뿐 행동하지 못한다. 햄릿은 "내가 말하기로는" 하고 절규하기도 한다. 이와 달리 또 다른 주인공 파우스트는 말만 하는 문제를 심각하게 받아들여 말을 행동으로 옮겨야 함을 자각한다.

문학비평가 블라이스 Reginald Horace Blyth (1898~1964, 영국의 작가, 교육자)는 이렇게 말한다. "이 '말, 말, 말'이라는 대사에는 깊은 비극의 의미가 들어있다. 비극의 원인이 되는 햄릿 인격의 비밀이 거기 있다. 햄릿은 선線이 없는 인간형이다. 그래서 다람쥐 쳇바퀴 돌 듯 자기 내면만 맴돌며, 이슈에

대해 말만 할 뿐 행동하지 못한다."

햄릿의 내면은 여성성의 아름다움에서 소외되어 있다.
그래서 오필리아에게 그 유명한, 모독의 말을 내뱉고 만다.
"수녀원으로 가시오. 어째서 그대는 죄인들의 어미가 되려
하는 거요? 나 자신도 한없이 정숙하지만, 그럼에도 불구하
고 내 어머니의 몸에서 잉태되지 않았으면 좋았을 거라고
스스로 책망하고 있소."
이어 그는 더 상처 주는 말을 덧붙인다.

그대가 결혼한다면 나는 저주를 지참금으로 드리리다.
그대가 얼음처럼 정숙하고 눈처럼 순수해도 비난을 면치
못할 것이오.
안녕, 수녀원으로 가시오. 아니, 굳이 결혼하고 싶으면 바보
랑 하시오.
현명한 남자는 그대가 자신을 어떤 괴물로 만들지 잘 알 것
이오.
그러니 얼른 수녀원으로 가시오. 안녕.

이것이 본능으로 행하지도 못하고, 깨달은 마음으로 행하지도 못하는 복잡한 인간의 특성이다. 그래서 여성성을 접하면 모조리 파괴하고야 만다. 햄릿이 오필리아를 파괴하는 걸 보면 도대체 어떤 여성, 어떤 여성성 요소가 그런 학대를 참고 견딜 수 있을지 의문이 든다. 햄릿은 자기 어머니인 왕비도 같은 방식으로 황폐하게 만든다. 3차원 의식 앞에 모든 여성성은 시들어 죽는다.

독 묻은 칼

햄릿은 마침내 자기 의사를 찬탈자 왕에게 알릴 묘수를 생각해낸다. 극단을 성으로 불러들여 고귀한 왕이 독살당하는 연극을 공연하게 한다. 왕을 살해한 자가 왕위를 차지하고 왕비마저 취하는 내용으로 말이다. 찬탈자 왕은 연극을 보면서 햄릿의 의중을 간파하고 그를 죽여 없앨 계획을 세운다.

햄릿은 찬탈자 왕을 죽이려고 숙소로 들어간다. 그의 말대로 "덴마크 왕국의 썩은 것"을 제거하기 위해서다. 그런데 왕이 기도 중인 걸 발견한다.

지금이 기회가 아니겠는가, 그가 기도하고 있으니.

지금 해치우자. 아, 그럼 그는 천국에 가겠지.

난 복수를 하는 건데, 가만 생각 좀 해보자.

저 나쁜 놈이 내 아버지를 죽였는데

아버지의 외아들인 내가 그를 천국에 보낸다니.

모처럼의 결심이 다시 불확실해지는 바람에 햄릿은 물러나고 만다. 정작 기도를 마친 왕은 이렇게 말한다. "말은 하늘로 날아 올라가고, 생각은 아래에 남는구나. 생각 없는 말이 하늘에 갈 리 만무하니."

오필리아의 오빠 레어티즈는 누이의 고통을 바라보면서 비극을 향해 치닫는 상황을 예의 주시한다. 오필리아는 마침내 이 대책 없는 우유부단함과 긴장을 견디지 못하고 물에 빠져 죽고 만다.

왕은 햄릿의 친구요 오필리아의 오빠이자 햄릿에게 살해당한 폴로니우스의 아들인 레어티즈에게 햄릿과 펜싱 시합을 벌이도록 명한다. 하지만 햄릿이 어쩌다 찔려도 죽을 수 있도록 레어티즈의 칼끝에 독을 묻힌다. 그리고 그수가 통하지 않을 경우를 대비해 시합장에 독이 든 와인을 준비해 둔다.

　시합이 벌어지고 레어티즈는 햄릿에게 상처를 입힌다. 하지만 우연히 칼이 바뀌는 바람에 햄릿의 손에 독 묻은 칼이 들린다. 햄릿이 레어티즈에게 상처를 입히게 되고 레어티즈는 죽어가면서 음모를 고백한다. 마침내 햄릿이 우유부단함을 뚫고 행동에 나선다. 독 묻은 칼로 왕을 찌른 것이다. 하지만 이미 때는 늦었다. 사람들에게 파묻혀 보이지 않던 왕비가 독이 든 와인을 마시고 죽는다.

　결국은 햄릿, 왕, 레어티즈, 왕비 모두가 행동을 두려워하는 우유부단함의 희생물이 된다. 그 두려움이 최악의 결과를 모두에게 안겨준 것이다. 결과적으로 어떻게든 결정을 회피하던 햄릿의 노력이 자신과 남을 죽게 만든다. 결심만 했더라면 최후 결과의 일부만 감당해도 됐을 일을 말이다.

　죽기 얼마 전에야 햄릿은 자신의 신경증적 분열과 우유부단함을 넘어서는 의식을 자각한다. 돈키호테가 인생 마지막 순간에 3차원 의식을 자각하듯 말이다. 햄릿도 삶의 후반부에 이르러 자신보다 더 큰 무엇을 보게 된다. 그는 이런 말을 한다.

우리가 깊이 꾸민 일이 김이 빠지네. 새삼 배우는구나.

우리가 아무리 일을 벌여도

결말은 하느님이 지으신다는 사실을.

희곡 말미는 고결하고 충직한 호레이쇼의 다음과 같은 상냥한 말로 장식된다.

이제 고귀한 마음이 부서지누나. 잘 주무세요, 착한 왕자님.

천사들이 날아와 왕자님이 안식하시길 노래해줄 것입니다.

햄릿은 의식이 부분적이긴 하나 인생의 의미를 찾는 숭고한 사람이다. 문제는 그 초점을 유지할 힘이 부족한 것이다. 의식이 충분치 않았다고도 할 수 있다. 의미를 찾을 만큼 지혜롭긴 했어도 이룰 만큼 강하지는 못한 것이다. 비전과 실천 사이에 끼어 어느 쪽도 실패하고 만다.

그 점에서 햄릿은 수많은 현대인의 원형이라 할 수 있다. 현대인은 고귀한 세계를 상상하긴 해도 실제로 이룰 재간은 없다.

햄릿은 실패하나 파우스트는 햄릿이 실패하는 지점에서

출발한다. 이제 파우스트에 눈을 돌려 햄릿을 무너뜨린 문제의 해결책을 찾도록 하자.

| 3부 |

4차원 인간,
파우스트 1

단순한 인간(돈키호테)은 평생 안정된 관계를 누린다. 그로서는 그런 관계가 자연스럽고, 행복하고, 안전하다. 인간 진화에서 이 단계 다음에 햄릿으로 대표되는 상위 단계가 출현한다. 그런데 햄릿은 늘 걱정과 불안에 싸여 뭔가에 시달리는 불행한 인간이다. 이런 인간은 자기 인생을 비극으로 살 수밖에 없다. 다행히 3차원 인간의 늪 같은 자의식에서 4차원 인간의 깨달음으로 안내하는 인간형이 있다. 이 안내자는 독일의 셰익스피어라 불리는 괴테Johann Wolfgang von Goethe(1749-1832)에게서 나온다. 괴테의 자서전이라 해도 좋을 걸작 〈파우스트〉에서 말이다. 파우스트 이야기는 나온 지 좀 됐으나 현대 서구인의 딜레마를 정확히 그려준다. 그래서 우리에게 생명줄이 된다.

그림자

햄릿의 기본적 오류는 자기 그림자, 그 어두운 면을 통합해내지 못한다는 점이다. 햄릿이 만약 '붉은 피'라는 자기 본능의 면을 수용할 줄 알았더라면 무기력한 마비 상태를 떨어낼 수 있었으리라. 하지만 그는 에고와 그림자라는 두 본성 사이에 옴짝달싹 못 하고 갇힌 채 비극적인 죽음을 맞이한다.

파우스트는 햄릿이 패배하는 그 지점에서 시작해 다분히 현대의 딜레마라 할 문제의 해결책을 우리에게 제시한다. 그는 자기 그림자와 상호작용하여 마비 상태에서 벗어날 길을 찾아낸다. 파우스트의 이야기는 서구 문학에서 낙관과 희망, 구원의 위대한 선언문과도 같다.

〈파우스트〉는 몹시 복잡하고 지적인 한 인간이 자신의 어두운 면을 직면하게 되는 이야기이다. 이 희곡은 욥기와 비슷하게 천상의 장면으로 시작된다. 신과 악마가 대화를 나누는 장면인데 서로 친숙한 듯 대화가 오간다. 신이 근자에 인간들이 어찌 지내는지 묻는다. 악마가 이렇게 대답한다. "별로 좋지 않습니다. 당신께서 그들에게 이성을 안겨주신 뒤로 더 나빠졌습니다." 그러자 신은 구체적으로 자기의 종 파우스트에 관해 묻는다. 악마는 그도 몹시 비참하고 끔찍한 고통을 받으며 산다고 대답한다. 신과 악마는 내기를 건다. 악마는 "진실하고 합당한 길"에서 벗어나게끔 파우스트를 꾀어도 좋다는 허락을 구한다. 신은 말한다. "파우스트는 네 유혹에 굴하지 않을 것이다. 그는 진실하게 남을 것이다." 그러자 악마가 대답한다. "저는 그 반대편에 걸겠습니다."

이 하늘의 내기는 뒤이어 파우스트와 메피스토펠레스 사이에 벌어질 내기의 원형이다. 즉, 에고(파우스트)와 그림자(메피스토펠레스) 사이의 분열이란 원형적이어서 개개인에 의해 좌지우지되는 게 아니라는 점을 기억해 둘 만하다.

부풀어진 인간

이 이야기는 모든 학문을 섭렵한 중년의 대학교수 파우스트로 시작된다. 자신이 이룰 수 있는 최고의 지위에 올랐다는 점에서 그는 인생 성공의 정점에 이르렀다. 그런데 정작 그는 외롭고, 관계도 별로 없으며, 삶이 무의미하다고 느낀다. 괴테는 사람이 별을 향해 머리를 높이 들면 발치엔 구름이 낀다는 말을 한 바 있다. '현실 기능' 즉, 발을 땅에 딛는 능력이 위태롭게 되는 것인데, 이때는 메피스토펠레스, 즉 자신의 어두운 면과 접하는 것이 그 해결책이다.

파우스트는 자신이 언젠가 이 절망의 지경에 이르게 될 것을 직감해서, 이 끔찍한 순간을 대비해 책상 서랍 안에 독약을 한 병 감춰두고 있다. 마침내 고독과 무의미가 극에 달한 어느 날 파우스트는 견디지 못하고 독약을 꺼내고 만다.

지적인 인간의 삶에서 끔찍한 순간은 이런 것이다. 지적인 의식, 삶을 바라보는 관점이 자신에게 전혀 힘이 되지 못한다. 자신을 다스리며 자의식을 탐구했건만 막다른 골목에 이르고 말았다. 사실 이런 자기 탐구는 의식 진화에 필수적이다. 그 길을 밟지 않은 사람은 절망의 순간에 이를 자격도 없다. 절망의 순간은 구원과 깨달음의 순간이기도 하다. 이것이 중년의 위기, 실존적 인간이 겪는 무언의 고통, 영혼의 어두운 밤이다. 지적인 인간, 영웅적 인간, 현대 의식의 정점에 이른 인간이 겪는 경험이다. 마치 사다리 끝까지 오른 후에야 비로소 사다리를 기댄 벽 자체가 틀렸음을 아는 것과 같다. 햄릿의 위기는 사실 빼어난 인간의 몫이다. 그보다 못한 인간은 죄책감에 빠져 자신의 부족함을 나무라거나 환경을 탓한다. 아니면 쳇바퀴 하나를 더 골라서 거기 뛰어든다. 하지만 3차원 의식은 아무리 다듬어도 견딜 수 없는 절망에 이른다는 사실을 재차 확인할 뿐이다.

사람은 더는 나아갈 데가 없고, 자신의 삶이 돌이킬 수 없는 비극이라는 것을 알 때가 최고의 질서에 드리는 찬미이다. 이제 에고 의식은 교착상태에 빠진다. 그런데 이 교착상태가 오히려 그를 햄릿의 비극에서 벗어나 새로운 의식에 진입하게 하는 유일한 영약靈藥이다.

이런 결함은 고칠 수 있는 게 아니다. 완전히 새로운 차원의 의식이 작동해야만 치유가 된다. 햄릿 같은 에고 중심의 인간은 여기서 실패한다. 하지만 자신보다 큰 중력의 중심을 깨닫는 파우스트는 이 실패에서 벗어난다. 천재라면

이 과정이 영감일지 모르나 우리 같은 범상한 사람들에겐 밧줄 끝에 간신히 매달리는 고문일 뿐이다. 이 신성하고도 지옥 같은 지점은 한 사람의 남은 생을 세울 수도, 붕괴시킬 수도 있는 결정적인 순간이다. 햄릿은 여기서 무너진다. 반면 파우스트는 메피스토펠레스라는 그림자의 부추김을 받아 제대로 된 길을 찾는다.

영원의 음악

파우스트가 독약을 마시고 참을 수 없는 외로움의 고통을 끝내려 할 때 그는 문득 부활절 음악의 환상을 보고 듣는다. 천상의 성가대가 나타나 독약을 잊고 새로운 의식과 깨달음을 향하도록 각성시켜준 것이다. 사실 파우스트가 들은 부활절 음악은 누구나 들을 수 있다. 하지만 대개의 서양인이 그 영원의 음악에 귀를 기울일 만큼 겸손해지려면 큰 위기를 만나야 한다.

파우스트는 독약을 치우고 서재 밖으로 나가 축제 군중과 어울린다. 시골 소녀와 춤도 추고, 맥주잔도 받아들면서 보통의 세상을 향해 다가간다. 조금 전까지만 해도 그에겐 낯설었던 세상이었는데 말이다. 반평생을 햄릿과 같은 고립에 갇혀 있던 인간이 인간의 친밀함과 따스함을 경험하면서 지옥에서 일시적 구원을 얻는다.

영혼의 어두운 밤 같은 끔찍한 순간이 닥쳤을 때 조금만 더 기다리면 부활의 음악이 필경 터져 나올 것이다. 파우스트에게 이 환상은 그저 시골 소녀와 춤을 추고, 맥주 한 잔 받아드는 정도로 짧았으나 구원의 약속이 되기엔 충분했다.

카프카는 번민의 순간에 그리스도의 재림은 세상이 끝난 다음 날에나 일어날 거라는 말을 한 적이 있다. 3차원 의식의 인간에게도 이는 사실이다. 의식이 완전히 붕괴된 다음에야 비로소 4차원 의식의 구원이 나타난다. 카프카는 그 차원 사이의 하루를 더 기다리지 못하고 평생 절망하며 살았다. 무인도에 갇히는 일이 그리 드문 게 아니다. 사실 거룩한 땅이지만 몹시 위험한 곳이다. 자살도 흔하고 절망의 늪에 빠지거나 광기에서 위안을 구하기도 쉽다. 실존의 번민을 경험하는 게 최고의 찬양이긴 하나 몹시 위험한 일이다. 우리 문화는 의식 진화의 이 시점을 잘 안내해 줄 지침을 대부분 상실했다. 그래서 사태가 더 어렵다. 지침을 다시 얻기 위해 〈파우스트〉에 기대는 것이다. 물론 지침이 거기에만 있는 건 아니다. 하지만 〈파우스트〉는 서양 정신의 산물이기에 서구인이 이해하기에 좋다. 오늘날 꼭 필요한 옛 지혜를 참신하게 들려주는 책이다.

검은색 푸들

파우스트는 새로운 기운으로 활력을 얻지만 모처럼의 에너지를 엉뚱한 데 쏟는다. 파우스트의 조수 바그너는 무미건조하고 따분한 사람인데, 파우스트에게 삭막한 서재로 돌아가 하던 일을 마치라고 말한다. 파우스트는 자신을 절망에 빠트린 그 생활로 돌아가란 말이냐고 반문한다. 여하튼 파우스트와 바그너가 서재로 돌아오자 그들 발 사이를 헤집고 길 잃은 검은색 푸들 한 마리가 들어와 파우스트에게 달라붙는다. 파우스트의 그림자가 보이는 물리적 형태로 다가와 들러붙은 것이다. 천상의 환상을 본 결과치고는 희한하지만 말이다!

우리는 위대한 환상 다음엔 천사 같은 경험, 창의성, 기쁨이 이어질 거라 기대한다. 물론 그렇다. 하지만 가장 두드러진 효과는 그림자가 선명해진다는 데 있다! 의식에서는 물론 천사 같은 평화와 사랑, 창의성 같은 걸 바란다. 그러나 우리에게 인간답게 살 에너지를 전해주는 것은 그림자다. 그림자와 사귈 줄 모르면 누구라도 의심과 외로움에 시달리는 부분적인 존재밖에 될 수 없다. 그림자는 자신에게 속한 인격의 어떤 면들이지만 의식엔 자리가 없는 것들로 구성된다. 파우스트는 사고와 추상, 이론의 고고한 하늘에서만 너무 오래 놀았다. 그런데 검은색 푸들로 상징되는 그림자가 나타나 그의 인생을 살 만한 것으로 만들 것이다. 자기 그림자를 받아들이는 건 이제껏 제대로 살아내지 못한 면들을 비로소 사는 것이다.* 온전해지려면 살면서 행방불명이 된 자신의 일부를 되찾아야만 한다.

검은색 푸들이 파우스트의 서재에 들어온 건 멋진 사건이다. 이제 파우스트의 그림자를 통해 신은 그와 접촉하고 구원할 수 있다! 검은색 푸들 덕에 파우스트의 구원이 가능하게 된 것이다. 이 진실은 선과 구원에 대한 우리의 통념과 너무 다른지라 사람들은 믿으려 하지 않는다. 그러니 우리

---

* 파우스트처럼 지적이고 학문적인 사람이 아니라면 파우스트가 발을 뺀 바로 그 영역에서 자기 그림자를 발견할 것이다. 너무 속되기만 한 사람은 이제 자신의 지적인 면에 주의를 기울여야 할지도 모른다.

의 영적 발달도 평생 곡예처럼 아슬아슬해질 수밖에 없다.

서재에 셋이 있게 된 지금은 둘만 있을 때보다 훨씬 힘이 있다. 검은색 푸들이 에너지와 역설을 가져다줄 것인데 그것이 없으면 구원은 불가능하다. 푸들이 서재를 이리저리 뛰놀 때 방안의 에너지가 얼마나 강한지 돌로 된 바닥에 발자국이 찍힐 때마다 불길이 올라올 정도다. 힌두 신화에서 시바 신이 현현할 때마다 불길이 나타나는 것과 다르지 않다. 그런데 시바는 파괴의 신이다. 그 신이 에너지를 전해주니 서구 정신에서 보자면 역설이 아닐 수 없다. 창조(브라만)와 파괴(시바)가 함께 있을 때 온전해지는 것이다.

잃어버린 에너지

파우스트는 이전 삶의 방식으로 돌아가 일을 좀 하기로 하는데 이조차도 전에 없던 활기를 띤다. 요한복음 첫 줄의 번역이 맘에 안 들어서 파우스트는 새로 번역하기로 한다. "태초에 말씀이 있었다"라는 번역은 파우스트의 삶을 무력하게 만든 삶의 일면적 태도에 부합한다. 이제 파우스트는 그 시각에 도전할 태세이다. 그래서 그는 요한복음의 첫 줄을 이렇게 번역한다. "태초에 행동이 있었다." 그러자 완전히 새로운 생의 의식이 파우스트에게 생긴다. 단어 하나 바꿨다고 의식이 확장되고 삶의 태도가 달라진다는 게 얼른 봐서는 이해하기 힘들다. 평생 학자로서 말의 세계에 살았던 사람이 이제 행동의 세계를 끌어안고 완전히 새로운 삶의 차원을 추구하게 된 것이다.[*]

파우스트가 '말씀'을 '행동'으로 바꾸는 순간, 푸들도 흥분하고 기운이 넘쳐 방을 이리저리 내달린다. 방바닥에 불꽃의 발자국을 남기면서 말이다. 그러다 갑자기 독일식 서재에 늘 있는 타일 난로 뒤로 사라진다. 그리고 거기서 푸들의 주인인 악마 메피스토펠레스가 나타난다!

그림자가 마침내 구체화되면서 엄청난 에너지의 유입이 일어난다. 활기가 돌아오는 것인데 3차원 인간 햄릿에겐 그런 일은 일어나지 않았다. '행동'보다는 '말씀'의 인간으로 평생 일면적인 태도로 살아온 파우스트에게도 일어나지 않던 일이다. 그러나 아직 문제 해결과는 거리가 멀다.

---

[*] 이를 마냥 공식처럼 삼지 않도록 주의해야 한다. 어떤 사람이 행동의 법칙만 따르고 살았다면 이제 고상한 언어의 세계를 찾아야 할 수도 있다. 그림자를 직면한다는 건 이제껏 인생에서 발휘하지 않았던 능력을 재발견한다는 의미일 뿐 정해진 공식을 따르는 일과는 다르다.

메피스토펠레스는 자신을 "한때 전체였던 부분의 부분"이라고 자신을 소개한다. 이 말에 장차 이야기가 어떤 과업을 중심으로 돌아갈지 힌트가 들어 있다. 인간의 전체성, 본래의 온전함을 회복해야 함을 말이다. 이때 의식의 초기 단계로 퇴행하는 건 회복이 아니다. 그런데 미국 문화에서 이 낭만적 퇴행, '좋았던 옛날'로 돌아가자는 게 흔한 정치구호다. 목전의 어려운 시기를 회피하고픈 욕망일 뿐, 늘 거짓이다. 향수를 불러일으키는 게 비즈니스로는 좋을지 몰라도 심리적으론 재앙일 뿐이다. 에덴동산에서 나왔으면 앞으로 나가야 한다. 변화의 고통스러운 시간을 거쳐 새 예루살렘에 이르러야 한다. 새 예루살렘은 전체성을 회복한 인간을 상징한다.

계약

메피스토펠레스는 파우스트와 인사를 나눈 뒤 유명한 계약을 맺는다. 파우스트에게 24년간 젊음과 활력을 되돌려주겠다는 것이다. 이 계약이 파우스트 이야기의 핵심이므로 자세히 살펴볼 가치가 있다. 괴테의 천재성이 거기서 드러난다.

크리스토프 말러의 희곡 〈파우스트 박사의 비극〉은 16세기 말에 쓰였는데 계약의 고전적인 형태가 거기 등장한다. 파우스트가 악마에게 영혼을 바치는 대신 24년간의 젊음을 되찾기로 한 계약이다. 말러의 희곡 마지막장에서 결국 파우스트는 지옥 불에 떨어진다. 메피스토펠레스의 승리로 끝나는 것이다. 고작 젊음의 활력 몇 년을 위해 영혼을 잃다니 끔찍한 결말이 아닐 수 없다.

그런데 괴테의 희곡에는 계약에 단서 조항이 붙는다. 중간에 어느 때고 파우스트가 "머물라, 그대는 아름답도다"라고 말만 하면 24년이 끝나는 시점에 자유롭게 풀려난다는 것이다. 다시 말해 젊은 날 살지 못한 인생을 경험하면서도 거기 집착하지 않는다면 파우스트는 자유다! 말러와 달리 괴테는 살아보지 못한 인생(살아보지 못한 인생이 뱀 꼬리처럼 따라다니지 않는 사람이 어디 있으랴)도 되찾고, 회복해서 살아볼 수 있다고 말하는 셈이다. 자기 내면을 손상하지 않고도 말이다. 파우스트는 메피스토펠레스와 맺은 계약의 여정을 거치면서 정말 큰 피해를 겪는다. 그러나 자기 경험 어느 것에도 매이지 않는다면 영적으로는 안전할 수 있다. 이것은 심오한 영적 진리다. 그것이 어떤 영향을 미치는지 제대로 알려면 여러 해 동안 면밀하게 살펴야 겨우 알 수 있다.

대극 對極

흑과 백처럼 서로 반대인 한 쌍, 파우스트와 메피스토펠레스는 함께 길을 떠난다. 이들 사이의 긴장은 〈파우스트〉에서 가장 중요한 교훈을 일깨워준다. 한 쌍인 이들은 모두 구원받아야 한다는 사실이다! 어느 한쪽이 다른 한쪽을 이기는 문제가 아니다. 〈파우스트〉 초반에 이 두 파트너는 서로 달라도 너무 다르다. 그러나 후반에 이르면서 둘은 서로 조화를 이룬 나머지 누가 누군지 분간이 안 갈 정도다. 파우스트식 변화의 핵심은 대극은 한쪽이 다른 한쪽을 누르기보다 서로 조화를 이루고 서로를 회복한다는 점이다. 관계 초반에 파우스트는 약하고, 수줍고, 겁먹고, 서투르다. 반면 메피스토펠레스는 무자비하고, 거만하고, 도덕이나 윤리에 아랑곳하지 않는다. 희곡 말미는 강해진 파우스트와 사랑할 줄 알게 된 메피스토펠레스를 보여준다. 대극으로 이루어진 한 쌍의 진정한 변화란 그런 것이다. 서로 뒤

섞이는 것이지 일방의 승리가 아니다.

희곡 중반은 일련의 모험으로 채워진다. 간단히 살펴보면, 우선 파우스트는 난생처음 선술집에 간다. 그리고 철없는 젊은이나 할 만한 경험을 한다. 하지만 파우스트는 그 경험을 별로 중요시 생각하지 않는다. 막상 해보니 자신이 상상한 만큼 재미가 없었다. 메피스토펠레스는 자신이 약속한 건 젊음과 그 경험이지 행복은 아니라고 대꾸한다. 파우스트는 자신이 맺는 거래를 의심하기 시작한다.

그들은 마녀의 부엌에 가서 메피스토펠레스가 마법의 약을 만드는데 파우스트가 이후 만나는 첫 여인과 사랑에 빠지게 하는 약이다. 파우스트는 곧바로 그레첸을 만난다. 얼마나 순수한 소녀인지 메피스토펠레스는 이렇게 중얼거린다. "고해하러 가서 고해할 게 없는 소녀에게 내가 뭘 할 수 있다는 말인가?" 메피스토펠레스는 음모를 꾸미며 그레첸의 친구 마르타에게 구애하게 한다. 마르타는 메피스토펠레스가 이끄는 대로 쉽게 굴복한다. 마침내 그레첸도 마르타를 본받아 파우스트의 구애를 받아들인다.

마침내 파우스트는 그레첸을 유혹하는 데 성공한다. 그레첸은 임신을 하고 어린아이처럼 파우스트에게 기댄다.

그레첸의 오빠 발렌틴은 전쟁에서 돌아온 군인인데 상황을 알아차리고 파우스트에게 결투를 청한다. 하지만 메피스토펠레스가 가르쳐준 대로 찌른 파우스트의 칼날에 죽고 만다.

메피스토펠레스는 파우스트를 데리고 마녀들의 안식일 잔치에 데려가는데, 온갖 말도 안 되는 관능의 짓거리가 분출하는 곳이다. 파우스트는 오히려 비참해져 메피스토펠레스에게 하나도 재미없고 행복하지도 않다고 불평한다. 다시금 메피스토펠레스는 자신이 젊음과 활력을 약속했지, 행복을 약속하진 않았다고 대꾸한다.

파우스트는 그레첸을 찾으러 돌아간다. 하지만 그레첸은 고통과 수치에 눈이 먼 나머지 갓 태어난 아이를 죽이고 자신도 자살한다. 몹시 비참해진 파우스트는 메피스토펠레스에게 분노를 터뜨린다. 하지만 메피스토펠레스는 "흠, 그레첸을 임신시킨 건 그대지 내가 아니지 않은가?" 하고 비꼰다. 파우스트는 자신이 찾은 자유와 젊음이 불행밖에 만들지 않았음을 깨닫는다. 이렇게 〈파우스트〉 1부는 깊은 고통과 자각으로 끝난다.

갈망

1부에서 배워야 할 무서운 교훈이 있다. 1부가 잃어버린 젊음을 갈망하는 중년 남성의 연대기라는 사실이다. 인생 중년기에 이르러 살아보지 못한 삶의 아쉬움이 없는 현대 인이 몇이나 될까? 하지만 이제껏 살아보지 못한 삶을 살 겠다는 갈망을 액면 그대로 실행에 옮긴다면 〈파우스트〉 1 부의 비극에 빠질 뿐이다. 중년 남성이 잃어버린 젊음의 공 백을 채우고 싶은 갈망 때문에 아디다스 신발, 하와이언 셔 츠, 온갖 운동기구를 사들이지만 끝이 없다. 현대 문명이 표방하는 전문성은 우리 삶의 많은 부분을 살아보지 못한 채 희생하게 만든다. 문명인은 누구나 문화와 문명을 위해 인격의 원재료를 포기해야 하는 대가를 치른다. 그런데 그 포기한 부분을 그대로 되살리려 든다면 파우스트의 실수 를 되풀이할 수밖에 없다. 파우스트처럼 우리 인생의 1부 도 우울과 비참함으로 마감하게 될 것이다. 잃어버린 젊음 을 액면 그대로 되살겠다는 현대인의 무지와 오해는 그만 큼의 대가를 치르게 마련이다. 19세기 초의 괴테도 이 사실 을 알았는데 오늘 우리는 얼마나 더 시급하게 알아야 할 사실인가.

영원한 젊음이라는 미국의 이상은 우리 안에서 쉽게 가시지 않는다. 우리는 죄다 물질적이고 의지의 힘에 홀린 나머지 손에 넣을 수 없는 것인데도 결코 포기할 생각이 없다. 〈파우스트〉 1부의 교훈은 피할 수 없고 정신이 번쩍 들게 하는 사실에 있다. 즉, 살지 못한 인생을 액면 그대로 되돌리는 길은 없다는 것이다. 다리 아래 흐르는 물은 벌써 사라져 영원히 되돌릴 수 없다. 그런데 〈파우스트〉가 여기서 끝났다면 괴테의 초기작 〈젊은 베르테르의 슬픔〉처럼 절망의 경전으로 자리 잡았을 것이다. 수많은 자살자 옆에서 발견된 책이 〈젊은 베르테르의 슬픔〉이다.

〈파우스트〉 1부에서 크나큰 교훈을 배울 수 있다. 무의미함과 고독감은 인생의 많은 부분을 살아내지 못한 데서 생긴다. 그러나 그 문제를 의식화할 수 있다. 괴로운 과제지만 그래야 2부의 교훈을 배울 수 있는 단계에 진입할 수 있다. 2부에서 우리는 파우스트와 같은 딜레마에 대해 서구 문학 최고의 해결책을 만나게 될 것이다.

상상의 영역

조지 버나드 쇼는 이런 말을 했다. "인생에서 훌륭한 예술만큼 고문의 대안이 되는 건 없다." 우리도 잃어버린 젊음을 상징과 의례, 예술과 상상을 통해 경험하고 통합해낼 수 있다. 즉, 내면에 대안을 마련하는 것이다. 이 영역의 언어는 시공을 벗어나 있다.

내면에 귀를 기울일 때 부활절 음악을 다시 들을 수 있다. 파우스트도 인생 말년에 그 영역에 몰두하게 된다. 지금껏 파우스트는 이 초월적 영역에 대해 짧은 환상 하나를 봤을 뿐이다. 그것만으로도 모든 것과 분리되어 있다는 절망과 고립감을 벗어날 수 있었다. 3차원 의식 초기 단계에서 남성은 2차원 의식의 잔여물(스포츠, 오락, 사춘기 행동, 자연 접하기, 모험, 영웅 숭배)에서 위안을 얻곤 한다. 3차원 의식 끝물에는 4차원 의식을 예견하는 데서 실낱 같은 위안을 얻는다. 파우스트의 부활절 음악 환상이 그러한 예다. 2차원과 4차원 세계 모두와 단절되었을 때가 가장 위험한 죽음의 세계다. 그것이 세상의 종말과 그리스도의 재림 사이에 앉아 있다고 말한 카프카의 끔찍한 날이다.

니고데모가 그리스도를 찾아와 한 말 속에 이 딜레마가 들어 있다. "사람이 모태에 다시 들어갈 수는 없지 않습니까?" 그리스도는 이렇게 대답한다. "사람이 물과 성령으로 나지 않으면 하늘 왕국을 볼 수 없습니다"(요한복음 3장 4-5절). 사람이 살아보지 못한 인생을 물리적으로 다시 살 수는 없으나 물과 성령, 즉 상상과 상징의 세계를 통해 구원받을 수 있다는 말과 같다.

오싹한 혼란

상상과 상징은 내면의 경험 세계를 구축하는데, 거기서 에고는 중요하나 지배자는 아니다. 내면 작업은 에고가 종속적인 위치에서 역할을 해야 한다는 사실에 동의해야만 가능하다. 내면 작업은 삶의 모든 요소, 어두운 것들까지도 귀하고 가치가 있다고 인정하는 과정에 참여하는 것이다. 이때 에고가 없으면 무질서하다. 그렇다고 에고가 모든 걸 통제하면 1부의 파우스트처럼 에고 중심성에 사로잡힌다. 파우스트가 주도한 1부는 모든 게 엉망진창이 되고 만다. 에고가 만사를 통제하면 늘 그렇다. 이 딜레마를 접하면 남성들은 새로운 에고 중심성을 도입한다. 이제 '영적인' 목적으로 세계를 지배할 궁리를 하는 것이다. 이 방식도 이전보다 에고 중심성이 덜하지 않다. 전보다 더 교묘하고 악랄한 함정이 생겼을 뿐이다. 인생에서 에고의 자리를 재배열하지 않는 한 결단코 앞으로 나아가지 못한다. 융은 이 재배열을 인격의 중력 중심이 달라지는 것으로 설명한다. 에고를 왕좌에서 내려 앉히는 이 과정은 괴롭다. 그래서 일어나는 일이 드물다.

이 과정이 일어나려면 인생의 모든 차원에 경의를 표해야 한다. 그리스도교에서 신이 예수 그리스도로 육화肉化했다고 말하는 방식이 여기 해당한다. 현대 사회는 그리스도교가 그리스도의 인간적 차원을 신성의 차원과 동등하게 존중했다는 사실을 자주 잊는다. 이 균형을 잃으면 영적 성장에 치명상을 입는다. 교회가 이단을 분별하는 기준이기도 하다. 이 교리는 오늘날 사람들에게 폄하되지만, 우리 대부분은 이단으로 살아가는 셈이다. 어느 한 차원만 중시하고 다른 차원은 무시하기 때문이다. 어느 한쪽이 다른 한쪽에 승리를 거두는 게 문제가 아니라 인생 전체가 통합되어야 한다. 상상, 환상, 의례의 목적이 거기에 있다.

| 4부 |

4차원 인간,
파우스트 2

〈파우스트〉 1부는 파우스트가 처한 딜레마에 대해 어떤 해결책도 주지 않는다. 하지만 그 딜레마를 의식화하도록 요구한다. 1부가 끝날 때의 파우스트는 괴로우나 의식하는 인간이다. 그 딜레마를 어쩌지는 못하나 희곡이 시작될 때에 비하면 자신의 처지를 잘 자각하고 있다.

괴테는 성인 생활의 대부분을 〈파우스트〉를 쓰는 데 보냈다. 1부가 출간된 것은 1808년, 그의 나이 59세 때이다. 괴테는 이후에도 꾸준히 집필을 계속하지만 2부는 1832년 그가 죽고 난 다음에야 빛을 본다.

2부는 남성의 영혼에서 벌어지는 상징 작업을 보여준다. 상상의 언어로 기록된 연금술의 일종이자, 동화요 신화다. 이 영혼의 연금술 차원에서 파우스트는 자신이 갇힌 3차원 의식에서 탈출할 길을 찾을 수 있다. 계획을 세우고, 이유를 달고, 규율을 지키고, 영웅적인 노력을 기울이는 것만으로는 1부가 끝날 무렵 파우스트가 도달한 정도의 의식을 지닌 남성에게는 정서적 혼란만 가중할 따름이다. 다시 말하거니와 해결책은 오직 상징과 의례의 영역에서만 찾을 수 있다.

상징적 경험

2부는 황제의 궁정 장면으로 시작된다. 연금술을 행하느라 그곳은 불길과 열기, 에너지로 가득하나 금이 나올 가능성은 없다. 소년 전사가 말에 올라타 질주하며 사라지더니 소식이 없다. 이것이 첫 번째 선물 푸에르—아직 미분화된 순수 에너지—인데, 모든 남성 안에 있는 내면의 아이다.

남성이 내면의 여정, 즉 상징 세계를 탐구할 작정이라면 특징 있는 경험을 기대할 만하다. 이런 길 없는 땅에 들어서는 사람은 대략이라도 앞으로 어떤 일이 닥칠지 아는 게 중요하다.

상징 혹은 상징적 경험에 접하면 엄청난 에너지가 분출된다. 감정이 부풀고, 두려움과 들뜬 기분이 번갈아 일어나며, 자아 팽창이 흔하게 나타난다. 황제의 궁정은 무의식 심층을 상징하는 장소인데, 정서 안정이 없으면 그곳의 뜨거운 열기와 이상함을 감당할 수 없다. 이때 안내자나 스승이 있으면 더할 나위 없다.

푸에르 아에테르니스puer aeternis, 즉 영원히 늙지 않는 청년이 여정의 중심인물이다. 이 여정은 3차원 시공의 제한을 받지 않는 세계에서 벌어지므로 푸에르 아에테르니스 원형이 활성화되는 게 이상할 건 없다. 남성 안에서 푸에르의 에너지란 정신이 환상에 맞춰져 있고, 시선이 현실보다 하늘에 가 있는 내면 아이Inner child를 말한다. 어떤 남성들은 이 에너지를 성숙하게 통합하지 못해서 평생 꿈만 꾸며 산다. 하지만 파우스트 같은 남성에겐 바로 이 내면 아이의 자질이 구원이다. 그는 3차원 세계에서 완전히 녹초가 되었는지라 하늘을 바라보는 눈이 있어야만 자신의 깨진 세계를 봉합할 수 있다.

첫째 푸에르: 전차 탄 전사

〈파우스트〉 2부에는 푸에르에 해당하는 인물 넷이 등장한다. 그들 누구도 그다지 현실적이지 않다. 그런데 필요한 진화는 그들 언저리에서 일어난다. 첫째 인물은 전차에 올라타 전속력으로 내달리는 소년 전사다. 상징 세계에 발을 들여놓은 남성은 이제 자신이 이런저런 열정에 휩싸일 것을 이해해야 한다. 하지만 그 열정들은 이내 시들고 기억에 남지 않는다. 그러니 어리석은 짓으로 폄하될 수 있으나 그 덕분에 신비의 눈을 뜨는 데 필요한 에너지를 공급받는 것이다. 그 눈이 3차원 인간을 구원한다.

열정적이나 모호한 장면이 지나간 뒤 파우스트는 뜻밖에도 트로이의 헬레네를 만나겠다고 요구한다. 마침내 그가 헬레네로 상징되는 아름다움과 여성성을 보는 눈을 요구한 것이다. 메피스토펠레스는 그 요구가 이루어지려면 어떻게 해야 하는지 말해준다. 그런데 이 대목이 파우스트가 3차원 시공 의식에서 벗어나 다음 차원으로 진입하는 변화의 핵심이다. 우리가 흔히 거룩함이나 구원, 깨달음, 영원, 신비로 묘사하는 차원 말이다. 메피스토펠레스는 파우스트에게 영원한 심층에 사는 어머니들의 처소로 가서 삼각대 향로에 열쇠를 꽂으면 트로이의 헬레네를 소환할 수 있다고 일러준다.

의식 진화에 관한 역사에서 이토록 간단한 말로 그렇게 많은 의미를 전달하는 문장도 드물다. 심층 어머니들의 처소로 가서 삼각대에 열쇠를 꽂으란다. 3차원 세계에서 벗어나 성숙한 영성을 준비하는데 이처럼 간명한 지침도 없다.

심층으로 내려가라는 말은 홀로 내면을 향하는 경험을 의미한다. 메피스토펠레스도 그 여정에는 동행하지 않는다. 파우스트 혼자 가야 한다. 이 여정은 극도의 내향성을 요구한다. 내면으로 들어가는 것이고, 광야에서 홀로 보내는 40주야(日)다.

어머니들의 처소로 간다는 것은 퇴행인데, 심리적 근친상간이다. 무분별하면 의식에 치명상을 입지만 판단력 있게 잘 행동하면 구원의 기회가 될 수 있다. 어머니들의 처소란 의식, 문화, 영성의 힘이 솟는 곳이다. 그러한 근원으로 돌아가서 자신을 생성 혹은 재생한다는 건 의식을 새롭게 창조하는 행위이다. 연금술 격언에는 이런 말이 있다. "나는 나 자신을 찾고, 나 자신과 짝짓기하고, 나 자신을 창조하고, 나 자신을 잉태하고, 나 자신을 출산하고, 나는 나 자신이다."

지금껏 의식 진화에 관한 논의를 남성의 2차원, 3차원, 4차원 의식이라는 다소 빈약한 관찰 방식에 근거해서 진행했다. 그러나 지금은 삼각대에 열쇠를 추가함으로써 3단계가 4단계로 바뀔 수 있다는 훨씬 직접적인 내용을 다룬다. 파우스트의 의식 진화에 이는 결정적으로 중요한 사실인데, 희곡의 다음과 같은 내용에서 드러난다.

파우스트: 좋아! 한번 해보세! 자네가 순전히 허무라 말하는
　　　속에서 나는 모든 걸 찾아내길 희망하네.

메피스토펠레스: 자네가 여행을 떠나기 전에 칭찬부터 해야겠
　　　군. 자네는 악마를 속속들이 잘 아는군. 자, 열쇠를 받게나.

파우스트: 이렇게 작은 것을!

메피스토펠레스: 얼른 받게, 쥐게나. 작다고 사소한 게 아닐세.

파우스트: 손에 쥐니까 커지네! 빛까지 나지 않는가! 번쩍이는군!

메피스토펠레스: 이게 얼마나 큰 유익을 가져다줄지 알겠지?
　　　이 열쇠가 거를 곳은 거르고 올바른 장소를 감지해 낼 걸세.
　　　그러니 열쇠를 따라 내려가게. 그러면 어머니들을 만나게

될 거야.

내려가라! 그런데 이 말은 이렇게 말할 수도 있지.

올라가라! 다르지 않은 말이지.

이미 만들어진 모양에서 벗어나

형상에서 벗어난 영역에 들어가게!

우리 눈에서 멀리 사라진 것들을 즐기게나.

구름처럼 모이고 얽히고 흩어지는 것들을 만나겠지만

그때는 이 열쇠를 휘둘러서 그것들을 궁지에 몰아넣게.

파우스트: 열쇠를 주니 새 힘이 솟는군!

새로운 계획에 마음이 벅차오르는군.

메피스토펠레스: 맨 마지막에 이르면 빛나는 삼각대를 보게

　　될 걸세.

　　그러면 자네는 가장 깊은 밑바닥까지 이른 것이야.

　　그 삼각대의 빛 덕분에 자네는 어머니들을 볼 수 있지. 어떤

　　어머니는 앉아 있고, 제각기 다 다를 거야.

　　그러면 곧장 삼각대의 빛을 향해 가서

　　열쇠를 거기 대 보게나.

삼각대와 열쇠는 셋에 하나 더함을 말하려는 문학적 장

치다. 그래서 넷이 되는데 넷은 인간 의식의 진정한 목표를 말한다. 평생을 문명화와 교육, 지성에 쏟은 남성은 인생의 '삼각대'를 세웠다. 그리스도교의 삼위일체처럼 말이다. 둘 다 의식적으로 애써 쌓아올린 문화적이고 개화된 삶의 방식을 상징하지만, 네 번째 요소가 빠져 있다.

그리스도교는 나름 훌륭한 삼위일체 상징을 세웠으나 사탄 혹은 악마를 무시하고 누락시켰다. 문명은 문화를 고도로 발전시키긴 하나 그림자나 어두운 측면을 무시하는 우를 범하고 만다. 이 무시된 요소를 찾아 더해야만 개인이든 문화든 전체성에 이를 수 있다.

셋에서 넷으로 진화

융은 숫자 셋에서 넷으로 움직이는 의식의 진화에 매료되었다. 그는 말년을 그 주제에 집중해서 책도 여러 권 써냈다. 융이 볼 때 셋이라는 숫자는 시간에 지배받는 의식을 대표하는데, 이 의식은 오로지 행하고, 앞으로 나아가고, 성취하는 데 전념한다. 우리는 지금 삼위일체 신학이 지배하는 시대를 산다. 삼위일체 교리는 우리 시대 그리스도교의 기본이다. 성 삼위일체야말로 우리 현대인의 의식을 정확히 일러주는 모델이다. 반면 넷은 존재, 영원, 평화, 관조를 나타내는 수다. 융은 늘 우리가 인류의 집단 무의식이 셋에서 넷으로 진화하는 과제에 몰두하는 시대에 살고 있다고 말했다. 현대인이라면 누구나 이 진화 과정에 이끌리고 있고, 그런 상징의 꿈을 꾼다는 것이다. 실제로 셋이 넷으로 바뀌는 꿈이 자주 등장하건만 그게 그런 뜻인지 사람들이 잘 모르긴 하지만 말이다.

만약 우리 문명이 눈앞에 닥친 위기를 잘 넘기게 된다면 그건 바로 이 의식 진화의 덕분일 것이다. 융 박사는 그게 가능한 일인지 질문을 많이 받았다. 그러면 그는 이렇게 대답했다. "내면에서 필요한 진화를 이뤄내는 사람의 수가 충분하다면 가능합니다." 이 필요한 진화가 바로 셋에서 넷으로 이행하는 진화다.*

대다수에게 3차원 의식에서 4차원 의식으로 이행하는 일은 대단히 고통스럽다. 중세 그리스도인들은 그 과정을

---

* 나로선 20세기의 세 주요 인물이 거의 동일한 이야기를 했다는 점이 무척 흥미롭다. 그 세 인물이란 심리학자 칼 융, 가톨릭 신학자 테이야르 드 샤르댕, 힌두 신비가 스리 오로빈도이다. 그들은 각자 자기가 속한 영역의 언어로 같은 얘기를 펼쳤다.

영혼의 어두운 밤이라 불렀다. 단테는 지옥과 연옥을 거쳐야 하는 여정으로 그렸다. 예수의 광야 40 주야와 같고, 여러 영웅담에서 물고기 배 속에 들어가는 일이기도 하다.

현대인에겐 중년의 위기 내지 더 나쁘게는 신경쇠약으로 나타나기도 한다. 최악의 경우 실제로 자살하는 일마저 벌어진다. 이 과정은 한 문장으로 요약된다. 인격의 중심이 에고에서 자신보다 더 큰 무엇으로 바뀌는 과정이다. 우리는 자아 초월적 중심을 자기, 그리스도-싱, 불성, 초의식, 우주 의식, 득도, 삼매 등 다양한 이름으로 부른다. 이 중심 이동 과정은 에고의 관점에서 죽음이나 다름없다. 선사들은 견성見性(의식의 비인격적 중심을 깨달았음을 가리키는 불교 용어)이란 에고의 입장에선 전적인 재앙이라고 말한다. 죽음이다! 이제 에고는 지배권을 상실하고 길진 않지만 격렬한 고통의 시기를 통과하게 된다.

누군가 이 시기에 자살하겠다고 설치면 몸을 해하지 않는 죽음을 맞아야 한다고 경고해야 한다. 인격 중심의 이동과 재배열이 일종의 자살이긴 하다. 에고가 자발적으로 거치면 제일 좋으니 말이다. 로스앤젤레스의 선사 메즈미 노사는 이렇게 말했다. "지금 죽어서 인생의 나머지를 즐기는 게 좋지 않을까?"

셰익스피어의 〈리어왕〉에 이 과정과 관련된 이야기 하나가 나온다. 글로스터 백작은 잔인하게 눈을 뽑히고 재산과 권력, 가족마저 빼앗기고 잉글랜드의 어둡고 음습한 황야를 비참하게 떠돈다. 하지만 그의 아들이 그를 보호하기 위해 농사꾼 소년인 척 다가온다. 글로스터 백작은 그 소년에게 자신을 도버의 절벽으로 데려다 달라고 간청한다. 거기서 뛰어내려 비참한 삶을 마감할 작정이다. 하지만 아들은 그를 데리고 벌판 한가운데로 간다. 그리고 괴로워하는 노인에게 절벽 끝에 이른 것처럼 말한다. 그러자 글로스터 백작은 벼랑 '끝'이라 생각하고 몸을 날린다. 하지만 그가 서 있던 땅에 착륙했을 뿐이다. 그러나 글로스터 백작은 절벽에서 떨어진다고 생각하는 고통이 극심했던 터라 땅에 발을 딛는 순간 마음이 열렸고, 고통에서 해방된다. 그때 비로소 옆의 소년이 자기 아들임을 알고 문학사에서 가장 숭고한 대사를 내뱉는다. 글로스터 백작은 '자살'을 제대로 한 것이다.*

＊　셰익스피어, 〈리어왕〉 제4막 6장 참조. (편집자 주)

평범한 삶

파우스트는 모성의 심층으로 내려가는 위험한 여정을 감행하여 마침내 트로이의 헬레네를 보게 된다. 그는 모성이라는 위대한 여성성과 접합으로써 트로이의 헬레네로 상징되는 여성성의 가장 큰 아름다움을 풀어낸 것이다. 그런데 하필 이때 파우스트는 실수를 저지르는데, 잘 들여다보면 거기서도 큰 교훈을 얻을 수 있다.

파우스트는 트로이의 헬레네를 끌어안으려 한다. 그녀와 개인적인 관계를 맺고 싶었기 때문이다. 하지만 그때 큰 폭발이 일어나고 헬레네는 사라진다. 파우스트는 의식을 잃고 바닥에 쓰러진다. 그는 화상을 입고 거의 죽을 뻔했는데 원형의 세계와 잘못된 관계를 맺으려 들었던 탓이다. 무의식을 여는 건 그리 어려운 일이 아니다. 거의 누구나 다 할 수 있다. 하지만 무의식이 풀어놓는 자아 초월적 세력과 관계를 맺는 일은 대단히 어렵다. 심층 내면의 여정으로 각성을 얻으면 그 경험을 인격화해서 소유하려 드는 게 보통 일차적 반응이다. 융이 말한 대로 만약 호랑이와 당신이 함께 지낸다면 누가 누구에게 맞춰야 할지 뻔하다. 여기서 파우스트는 실수를 범했다. 내면의 길을 그만큼 간 사람들이 종종 저지르는 실수다. 원형과 원형 에너지는 우리보다 크다. 그런데 그 에너지를 함부로 끌어안으려 들면 심리 폭발을 피할 수 없다.

메피스토펠레스가 그 순간 파우스트를 도와 그를 먼지 쌓인 서재로 부드럽게 되돌려놓는다. 평범한 일상으로 되돌려놓은 것이다. 본디 평범함ordinariness이란 정돈되다ordered라는 뜻에서 온 말이다. 평범함이야말로 자아 팽창 내지 자아 중심성에 대한 최선의 해독제이다. 평범함을 끌어안음으로써 우리는 인간적 차원을 회복하고, 자아의 부풀림을 다스린다. 마침 바그너가 서재에 있다가 메피스토펠레스와 함께 파우스트가 회복하도록 돕는다. 지금껏 이야기에서 별반 매력이 없던 바그너가 갑자기 자신의 유용함을 입증한 것이다. 바그너처럼 단조롭고 새로울 것 없는 일, 혹은 책 같은 것이 위기의 순간에 뜻밖에 치유의 힘을 발휘할 수 있다. 인습 타파를 좋아하는 사람도 약간의 상식과 규율이 천국 가는 길에 장애가 되지 않음을 배울 필요가 있다.

둘째 푸에르: 호문쿨루스

천하에 따분한 미스터 드라이라 할 바그너가 열심히 연금술에 몰두하더니 놀랍게도 엄지손가락만 한 작은 인간 호문쿨루스를 만들어낸다. 이 인조인간이 두 번째로 등장한 푸에르 아에테르니스다.

호문쿨루스에게는 파우스트를 고대 그리스로 안내할 놀라운 능력이 있다. 고대 그리스에 갈 수 있다니 파우스트로선 반갑기 짝이 없다. 현대의 인도처럼 고대 그리스는 인생의 어두운 요소와 만날 줄 알았다. 어둠의 세력을 나타내는 신과 여신들이 있어서다. 하지만 오늘날 우리가 생각하는 악과 같은 개념은 없었다. 서구인은 악의 개념이 없는 사회를 상상하지 못한다. 그러니 그런 세상을 경험한다는 건 놀라운 일이 아닐 수 없다. 인도도 신들의 삼위일체가 있는데 그 삼위일체 외곽에 네 번째 요소가 있다. 서양의 삼위일체와 악마처럼 말이다. 브라마, 비시누, 시바가 고귀한 삼위일체의 지위를 차지하고, 크리슈나는 다소 떨어져 사물의 속된 면을 담당한다. 이 구도에서 크리슈나는 그리스도교의 악마에 상응하는 셈이다. 하지만 그 둘은 얼마나 다른가!

크리슈나는 아내가 만 육천 명에 달하는 유쾌한 청춘이다. 그는 천상의 젖 짜는 처녀 고피족과 놀면서 소일한다.

이러한 우주론에도 고대 그리스처럼 악의 자리는 없다. 메피스토펠레스도 고대 그리스에서 추함의 개념을 발견하고 비로소 자기 본성에 가장 가까운 자리를 겨우 찾는다. 이(齒)도 하나, 눈도 하나뿐인 추하고 늙은 하녀로 말이다.

인간이 만든 마법적 존재 호문쿨루스는 그리스 미의 이상과 마주치자 섬광과 함께 폭발해 버린다. 이는 아름다움과 고귀함에 대한 인간의 관념이 제아무리 높아도 미의 원형 앞에서 견디지 못함을 말한다.

셋째 푸에르: 오이포리온

파우스트는 문득 자신이 사랑해 마지않던 고대 그리스 세계에 와 있음을 깨닫는다. 여성성의 아름다움을 궁극적으로 표현하는 트로이의 헬레네와 재회할 기회가 생긴 것이다. 이번에는 훨씬 신중하고 만남에 적합한 방식으로 헬레네와 덜 사적이면서 짧은 결혼생활도 할 수 있게 된다. 그들은 이내 장성한 청년 오이포리온을 낳는데, 곧 예술의 수호자다. 오이포리온의 에너지는 영감을 주고, 예술적 표현을 낳는 힘이다. 오이포리온은 영원한 청년 푸에르 아에테르니스의 세 번째 현현이다. 그는 천상으로 날아올라 파우스트에게 시인의 도구를 가져다주려 한다. 하지만 이카로스처럼 오이포리온도 태양에 너무 가깝게 나는 바람에 날개가 타버려 바다로 추락하고 만다. 이번에도 푸에르가 도움을 주려 하나 자아 중심성과 팽창에 취약하다는 한계를 명백히 드러내고 만다.

비범한 재주를 구하던 사람이 초월의 영역을 접하면 보편적으로 갖는 경험이다. 고통에 내몰린 사람은 이런 식으로 생각한다. "내 인생에 잘된 일은 하나도 없다. 그러니 글을 쓰련다. 내가 나를 표현할 수 있는 길은 그것뿐이다." 이 생각 자체는 틀린 게 아니다. 문제는 3차원 인간의 옛 자아는 그 일을 에고 중심으로 수행하려 든다는 점이다. 그의 노력은 허사가 되고 만다. 그렇다고 글을 쓰거나 그림을 그리지 말란 말은 아니다. 하지만 알고는 있어야 한다. 처음에는 노력해도 에고에 물들 수밖에 없어 오이포리온처럼 날개가 불에 타 바다에 추락하고 말 것이라는 점을 말이다.

그래도 파우스트는 배우는 중이고, 지금 숭고한 일이 벌어지고 있다. 파우스트는 트로이의 헬레네를 끌어안으나 헬레네는 슬며시 품에서 벗어난다. 그러자 메피스토펠레스가 파우스트에게 속삭인다. "옷을 붙잡아. 그 옷이 그대를 놀라운 곳에 데려다줄 걸세." 트로이의 헬레네는 서서히 사라진다. 위대한 원형의 현시가 사라진 것이다. 하지만 이번에는 파우스트 안의 예술가적 상상력을 일깨워줄 만한 것을 남겨놓았다. 헬레네를 소유하기엔 하찮은 방식일지 몰라도 유한한 인간이 감당하기엔 나쁘지 않다. 비인격 원형의 세계와는 어느 수준에서 어떤 방식으로 관계 맺는 게 좋은지 알아야 안전하다. 그래야 창조가 시작될 수 있다.

신비의 눈을 뜨는 데 있어 이런 일은 하찮은 한 조각에 불과해 보인다. 하지만 일상 세계에 끌어들이기엔 그 정도로도 충분하다. 예술가들이 자기 천직을 제대로 수행해내지 못하는 까닭이 여기 있다. 자신이 원래 눈뜬 바를 표현하기에 충분치 못하거나 불완전하다고 여기면서 아예 팽개쳐 버린다. 남성은 소년 신 오이포리온의 예술 도구를 감당하지 못한다. 트로이의 헬레네라는 순수한 아름다움의 초인적 현시도 품에 안을 수 없다. 그러나 헬레네의 겉옷 정도는 만질 수 있고, 그 작은 경험만으로도 충분히 창작에

임할 수 있다. 그 이상을 하려 들었다간 엄청난 자아 팽창의 불길이 우리를 살라버릴 것이다.

바다에서 땅을 되찾기

이야기가 끝을 향해 다가갈수록 파우스트와 메피스토펠레스는 서로 달래고 치유하면서 더 긴밀한 사이가 된다. 메피스토펠레스는 파우스트를 향한 자신의 악마적 힘이 쇠퇴하는 걸 느끼고 다시 파우스트를 조종하려 들지만 다소 어설프다. 그는 파우스트에게 원하는 게 있는지 묻는다. 그런데 파우스트는 없다고 대답한다. 이야기 초반엔 도무지 만족할 줄 모르던 인간, "영원을 가지고도 전혀 만족할 줄 모르던" 인간이 이제 자족하며 마음의 평화를 얻은 모습을 보인다. 그만큼 치유가 일어난 것이다. "달을 갖고 싶지 않은가?" 메피스토펠레스가 묻는다. "아니" 하고 파우스트가 대답한다. 하지만 그는 바다에서 땅을 되찾을 수 있도록 해안선 일부를 달라고 요청한다. 물, 특히 바다는 무의식의 보편적 상징이다. 파우스트는 지금 바다로 상징되는 심층과 영원히 이어지길 요청하고 있는 셈이다.

남성이 인생 후반부에 이르면 무의식의 어떤 내용을 꺼내어 의식에 통합할 것인지가 숙제다.* 바다에서 땅을 되찾는다는 건 바로 이것을 말한다. 메피스토펠레스는 어렵지 않게 파우스트의 요구를 들어준다. 그러자 파우스트는 이내 제방을 쌓고 수로를 내서 바다에서 땅을 얻는다. 그리고 그 땅을 육지에 더한다. 파우스트는 이 일이 무척이나 만족스럽고 행복했기 때문에 거기에 몰두한다. 마침내 그는 상당한 마음의 평화를 얻는다.

그런데 이때 이해 불가한 사건이 벌어진다. 파우스트가 새로 얻은 땅에는 바우키스와 필레몬이라는 늙은 부부가 있었는데 평생을 그곳 오두막에서 살고 있었다. 파우스트가 보기에 그들 부부는 경관을 해치고 있었다. 그래서 무심히 메피스토펠레스에게 불평을 했더니 그는 노부부를 놀라게 해서 죽게 만든다. 그리고 오두막을 불태워 재가 되게 한다. 파우스트는 경악하지만 결국 자신이 그 잔인한 행동에 책임이 있음을 깨닫는다. "그들은 별로 고통을 겪지 않았어." 메피스토펠레스가 변명한다. 파우스트는 갈수록 자

* 이 주제를 더 살펴려면 로버트 존슨, 고혜경, 이정규 역 『내면작업』(동연, 2011)을 보라.

신에게 메피스토펠레스를 향한 힘이 있음을 자각한다. 그리고 그 힘을 오용할 수 있음도 깨닫는다.

파우스트는 늙어 인생의 마지막을 바라보게 된다. 그는 바다에서 땅을 얻는 일에 몰두한 나머지 네 명의 잿빛 여인들이 다가오는 걸 미처 몰랐다. 결핍, 빚, 근심, 궁핍이라는 네 자매가 파우스트 곁으로 다가온다. 이 어둠의 세력들은 필연적인 힘이다. 파우스트는 부유했기 때문에 이 중 셋에 대해서는 면역력이 있다. 하지만 근심에 대해서만큼은 그렇지 못하다. 남성은 모두 마찬가지다. 파우스트가 이 어둠의 세력을 진지하게 맞이하지 않자 근심은 파우스트의 눈을 멀게 한다. 파우스트는 다시 바다에서 땅을 얻는 일에 몰두한다. 내가 보기에 이 이야기에서 눈이 먼다는 건 시력이 통찰력으로 바뀜을 의미한다. 남성이 나이가 들면 이런 변화가 필요하다.

파우스트의 땅파기는 이내 자신의 무덤을 파는 행위가 되고 만다. 시력을 잃는 바람에 자신이 무엇을 파내고 있는지 알 수 없었기 때문이다. 여기서 우리는 노년의 위험 한 가지를 알게 된다. 뚜렷한 목적 없이 그저 습관이나 관성으로 일을 하여 사태를 그르치고 마는 것이다.*

죽음이 임박한 시점에 파우스트는 일에서 물러나 고상한 자유인 한 무리가 자신이 얻은 땅에서 사는 유토피아적 환상을 본다. 이때 아뿔싸, 하지 말았어야 할 치명적인 말을 내뱉고 만다. "멈추어라, 너는 참 아름답구나!" 그러자 메피스토펠레스는 재빨리 의기양양하게 나타난다. 24년 전에 맺은 계약대로 파우스트의 영혼을 손에 넣기 위해서다.

파우스트가 지고 메피스토펠레스가 이겼다! 최후의 순간 너무나 인간적인 실수 하나로 패배할 인생을 산다는 건 참 끔찍한 노릇이다. 천국에 들려면 인간이 절대적으로 완전해야 하는가? 파우스트는 천국의 입구에서 좌절할 운명이었는가보다. 그런데 그 순간 기적과도 같은 놀라운 일 두 가지가 벌어져 우리의 주인공 모두를 구해낸다. 그레첸은

---

* 힌두교에는 이에 관한 재밌는 이야기가 있다. 어느 젊은이가 깨닫게 해달라고 신들에게 열심히 기도하였다. 그러자 신 하나가 나타나 그 젊은이가 목표를 달성할 수 있도록 방법을 일러주었다. 젊은이는 10년을 열심히 수행한 끝에 깨달음을 성취하였다. 신은 젊은이에게 큰 선물을 주려고 다시 나타났다. 신이 선물을 전하려고 젊은이의 어깨를 툭툭 치자 그가 으르렁거렸다. "저리 가세요! 나 지금 바쁜 거 안 보여요?" 아무리 소중한 일이라도 더 소중한 걸 얻으려면 멈춰야 할 때가 온다. 이는 단순히 일을 끝내고 말고의 문제가 아니라 분별력 양성의 문제이다.

파우스트가 그토록 못되게 굴었어도 사랑으로 인내했다. 그 사랑으로 그레첸이 천사의 합창단 선두에 나타나 메피스토펠레스에게 파우스트를 놓아달라고 간청한 것이다. 그레첸과 천사들은 천국 문 앞에서 이렇게 주장한다. 파우스트가 치명적인 말을 내뱉은 것은 천국의 비전을 보았기 때문이지 메피스토펠레스가 제공한 무엇 때문이 아니라고 말이다. 이것은 좀 기술적인 문제에 기초한 빈약한 논증 같아 보인다. 어쨌든 파우스트는 덕분에 구출되어 그레첸의 안내에 따라 빛으로 둘러싸여 천국으로 들어간다. 결국은 천국 문 앞에서 의義가 아니라 은총이 승리한다. 법과 질서, 정의 같은 남성성이 은총과 사랑으로 대치되는 것이다.

넷째 푸에르: 소년 천사

지금껏 대극을 이루는 한 쌍 중 하나만 구원하는 일은 불가능하다는 사실을 살폈다. 다른 한쪽도 마저 구원받아야 한다. 이 법칙이 여기서도 작동하여 구원의 이중 과정이 발효된다. 파우스트와 메피스토펠레스는 둘 다 구원받아야 한다. 서로가 전체성을 찾으려면 말이다. 앞에서도 말했듯

한 쌍의 대극^{對極}은 서로 조합을 이루는 것이 유일한 구원의 길이다. 파우스트는 점점 메피스토펠레스를 닮고, 메피스토펠레스는 점점 파우스트를 닮듯이 말이다.

다잡은 승리를 놓치게 돼 분노한 메피스토펠레스의 눈에 문득 천사 합창단 가운데 한 소년 천사가 들어왔다. 그는 이내 이 소년 천사에게 마음을 빼앗기는 바람에 파우스트를 되찾을 나름의 주장을 펼칠 생각마저 잊는다. 사랑이 우리에게 접근하는 형태가 실로 다양하다는 사실을 이해한다면 그래도 사랑의 엄청난 신비에 관해 조금은 감을 잡았다 할 수 있다. 메피스토펠레스 역시 자신에게 꼭 필요한 형태의 사랑을 접하면서 변화할 수 있게 된다.

파우스트가 그레첸의 사랑으로 구원받는다면 메피스토펠레스는 사랑의 경험 자체로 구원받는다. 에고와 그림자는 이렇게 나름의 방식과 수준의 구원을 발견한다.

사랑을 상징하는 소년 천사는 푸에르 아에테르니스 원형의 넷째 화신으로 그 원형의 힘을 잘 요약해 보여준다. 푸에르를 접하는 건 영원을 접하고 사랑을 접하는 것이다. 그래서 인도에서 마야 혹은 환각이라 칭한 이 시공의 세계로부터 구출되는 것이다.

희곡은 다음과 같은 빼어난 문장으로 끝을 맺는다.

모든 무상한 것은
오로지 영상에 지나지 않는다.
지상에서 힘이 미치지 못하는 것이
천상에서는 이루어지며
이루 형언할 수 없는 것이
여기서는 성취되었다.
영원한 여성이 높은 하늘로
우리를 이끌고 올라간다.

이것은 법이나 계약 같은 남성성의 수단만으로는 전체성을 획득할 수 없음을 넌지시 말해준다. 신의 영원한 여성성이 주는 선물이 있어야 한다. 파우스트도 비록 엉망진창이지만 사랑을 시도하고, 어머니들의 처소로 내려가는 위험한 모험을 감행하고, 그레첸의 한결같은 사랑을 입어 구원받는 것이다.

그와 못지않게 메피스토펠레스, 우리가 악마라고 부르는 인간 능력의 어두운 부분 또한 그의 어두운 가슴에 처

음으로 사랑의 요동침을 경험함으로써 구원받으니 기적이
아닐 수 없다.

돈키호테와 햄릿, 파우스트를 통해 우리는 단순한 남성이 깨달은 인간으로 바뀌는 숭고한 변화의 여정을 본다. 이는 모든 남성의 의식에서 벌어지는 여정이다. 그러니 동화나 신화에 불과하다고 폄하하는 것은 곤란하다. 남성이라면 누구나 이 여정 어딘가에 위치한다. 진화의 여정 어디에 자신이 위치하는지 안다면 엄청 유익할 것이다. 위치를 헷갈리면 맞지도 않는 처방과 치명적 위험을 감수해야 할 테니 말이다.

서구 사회의 대다수는 햄릿이다. 의무교육도 그렇고, 사회 구조, 생활 양식 등이 미국인의 삶에서 2차원 인간을 제거하게끔 강제한다. 2차원 인간은 이제 미국 인디언 이야기나 뉴욕 원주민에 관한 소설을 탐닉하고, 카우보이를 동경하는 것으로나 남았을 따름이다. 정신병리를 빼면 2차원 인간의 생활 양식을 표현하는 성인을 거리에서 보기란 몹시 어렵다.

친구가 한번은 이런 말을 했다. 사춘기 남자아이들이 우리에게 남은 마지막 원시인들이라고 말이다. 2차원 인간이 짧게나마 등장하는 것이 사춘기다. 미국은 사춘기와 애증 관계다. 사춘기는 최대한 빨리 성인이 되어 사라지게 해야 할 무엇인 동시에 끝없는 향수를 불러일으키는 무엇이다.

남성은 햄릿의 딜레마에서 어떻게 살아남을까? 지적인 남성일수록 고통도 깊어지니 말이다.

두 가지 위안의 방식이 가능하다. 하나는 원시적 행동 양식을 조금 남겨둠으로써 단순하고 포근하며 복잡하지 않은 세계를 살면서 가끔 접하는 것이다. 그래 봤자 달리기나 캠핑 좀 하고, 라커룸에서 떠들썩한 농담이나 주고받고, 사춘기 때 애호했던 물건이나 가져보는 정도겠지만 말이다.

차 ^{car}(남성의 차는 죄다 로시난테다)를 사고, 정원을 가꾸고, 삶의 잃어버린 차원을 되새기게 하는 가게나 매장을 방문하는 것도 여기 포함된다.

또 하나 위안의 방식은 어둠의 방식인데, 파괴적 행동과 깡패짓, 온갖 비행 청소년 같은 짓거리를 하는 것이다. 마약도 마찬가지다. 오늘날 다수의 젊은이에게 남은 유일한 삶의 '과즙'이 이러한 파괴적 행동뿐이다. 이는 우리 삶의 태도가 어떤 것인지 고발하는 씁쓸한 사실이다. 그러나 언젠가는 이러한 단순 에너지의 소소한 원천들이 죄다 메말라버릴 때가 오고야 만다. 달리기를 해봐도 즐거움이 없고, 가꾸던 정원은 벌레로 가득해지는 영혼의 어두운 밤을 맞이하고야 만다. 햄릿의 고뇌가 피할 수 없이 우리 마음속을 가득 채우는 끔찍한 순간이다. 물론 우리 시대는 이 어둠의 시간을 새로운 이름으로 부른다. 중년의 위기, 정체성 위기, 위기의 사십 대, 권태기 등등으로 말이다. 무엇이라 부르든 소년기의 넘치는 에너지, 소소하게나마 접하던 모든 것이 시들해지고 마는 때이다.

성 십자가의 요한은 이 어둠의 시간이 일곱 주간일 수도 있고, 일곱 달, 일곱 해, 심지어 스물한 해가 갈 수도 있다고 했다. 의식의 다음 차원이 언제 열리느냐에 따라서 말이다. 이 길고 무미건조한 시간을 벗어나려면 정보도 필요하거니와 깊고 진실한 마음가짐이 도움이 될 수 있다. 어쨌든 누구라도 이 메마른 사막의 맛을 모르고 넘어갈 수는 없다.

그런데 어두운 밤이 걷히기 시작하면 어느 날 아침 공기 중에 알 수 없는 기쁨의 기운이 감지된다. 아주 미세하나 밝고 희망찬, 그래서 기운을 북돋는 에너지의 흐름으로 말이다. 4차원 의식과 최초로 접하는 순간이요 이때부터 그 차원의 에너지로 살게 되는 순간이다. 미묘한 내면의 무엇인가가 새로운 중력의 중심이 된다. 시와 음악, 새로운 느낌으로 달리기, 샘 솟는 철학적 탐구, 심오한 종교적 통찰 등이 다 이 새로운 세계가 우리를 사로잡았음을 말해준다. 이 새로운 에너지가 저급한 형태로 펼쳐지면 광신, 종교적 신념의 독재, 온갖 종류의 자아 팽창으로 드러난다. 새 기운이 이런 저급한 통로로 흐르면 우리는 머잖아 다시 햄릿의 상태로 돌아가고 만다. 거기서 다시 변화의 기름으로 더 끓어 올라야 한다.

깨달음은 이 세상에서 완전하다거나 영구적일 수 없다. 신화는 종종 완전한 인간을 그리지만, 그들은 늘 이 세상이 아닌 어딘가 다른 시간대에서 그러하다. 현세에서 4차원 의식을 지녔다는 건 어떤 식으로든 완전함이 아니라 필요할 때면 그 심리적 공간에 들어갈 수 있는 능력으로 입증될 따름이다.

인류가 파란색을 지각할 수 있는 능력을 비교적 최근에야 획득했다는 사실이 인상 깊다. 고작 2000년 정도에 불과할 것이다. 구약이나 호메로스(호메로스는 바다를 푸르다 하지 않고 "어두운 포도주색"이라 했다) 등 고전 저술 어디에도 파랑이란 단어는 등장하지 않는다. 이 능력은 서서히 등장했다. 지금도 색맹검사에서 가장 잘 놓치는 색깔이 파랑이다.

음악에서 멜로디 선과 구별되는 화음 구성을 들을 수 있는 능력은 파란색 식별 능력보다 더 최신일 것이다. 사실 화음 음악은 15, 16세기에나 등장한다. 그러니 지금 겨우 설명하고 있는 4차원 의식이란 인간 진화의 과정에서 이제야 일반인들에게 모습을 드러내는 것이라 말하는 게 맞지 않을까? 그렇다면 4차원 의식이라는 인류의 새로운 능력은 매우 드물고, 나타나더라도 약하며, 쉽게 잃을 수 있다고 봐야 할 것이다. 하지만 한번 나타난 이상 어떤 지적 삶의 방식에서든 가장 중요한 문제다.

융은 말년에 이 인간의 새로운 진화, 즉 부분적인 데서 전체성으로 나아가고 3차원에서 4차원으로 변화하는 문제를 놓고 사색하며 글을 쓰는 데 전념했다. 이제는 모두가 그렇게 해야 할 때다.

로버트 존슨 융심리학 시리즈 6

돈키호테, 햄릿, 파우스트
인간 의식 진화의 세 단계

2023년 1월 2일 처음 펴냄

지은이 | 로버트 A. 존슨
옮긴이 | 이주엽
펴낸이 | 김영호
펴낸곳 | 도서출판 동연
등   록 | 제1-1383호(1992년 6월 12일)
주   소 | (우 03962) 서울시 마포구 월드컵로 163-3
전   화 | (02) 335-2630
팩   스 | (02) 335-2640
이메일 | yh4321@gmail.com
인스타그램 | https://www.instagram.com/dongyeon_press

Copyright ⓒ 동연, 2023

ISBN 978-89-6447-856-1 03180
ISBN 978-89-6447-791-5 03180(세트)

로버트 A. 존슨의 융심리학 시리즈

신화로 읽는 남성성, He

고혜경 옮김 | 128쪽 | 12,000원

어린 소년이 진정한 기사가 되는 모험을 다룬 성배신화를 통해 남성 심리의 다양한 측면을 탐색한다. 남성 내면의 여성적 요소와 그와 관련된 행동의 근원, 나아가 양성의 조화로운 공존까지. 또한 성배신화를 통해 현대인들이 받는 고통의 특질을 진단하고 현대인의 딜레마를 치유할 심오한 통찰을 제시하는 책이다.

신화로 읽는 여성성, She

고혜경 옮김 | 144쪽 | 12,000원

여성 심리를 대변하는 '프시케와 에로스 신화'를 통해 진정한 여성성을 이야기한다. 프시케가 겪는 험난한 여정처럼 자기탐구라는 힘들고 아름다운 과정을 거쳐 개성화, 전일성 그리고 완전함이라는 진정한 여성성을 획득하는 방법을 제시한다. 또한 그 결과로 얻게 되는 조이와 엑스터시라는 진정한 여성성의 힘과 아름다움을 깨닫게 하는 책이다.

로맨틱 러브에 대한 융 심리학적 이해, We

고혜경 옮김 | 334쪽 | 13,000원

우리는 왜, 어떻게 사랑에 빠지는가? 로맨틱한 사랑의 실체는 무엇이며, 왜 사람들은 그 환영을 좇아가는가? 진정한 사랑은 어떻게 이룰 수 있는가? '트리스탄과 이졸데' 신화를 매개로 사랑의 본질을 해부하고, 사랑의 진정한 의미, 여성성과 남성성의 조화로서의 '우리(We)'를 제시한다.

내면작업 꿈과 적극적 명상을 통한 자기 탐색

고혜경 · 이정규 옮김 | 376쪽 | 16,000원

꿈에 등장하는 상징과 이미지를 이해하게 해서, 우리 무의식에 잠들어 있는 어마어마한 힘과 자원을 발견하게 한다. 직접적이면서 강력하게 무의식에 접근하는 4단계 내면 작업을 통해 꿈과 상상력이 활성화되고 이는 우리의 삶을 창조적으로 탈바꿈시켜 줄 계기가 될 것이다. "나는 누구인가"라고 끊임없이 탐색하는 이들을 위한 친절한 길라잡이가 되어주는 책이다.

희열Ecstasy 기쁨Joy의 심리학
이주엽 옮김 | 194쪽 | 13,000원

알코올 중독, 마약 중독, 일 중독, 섹스 중독 등 온갖 중독은 영적 엑스타시를 상실한 물질 중심 사회의 병든 엑스타시다. 현대 사회에서 물리적 중독으로 얻는 이러한 엑스타시는 만성적 공허를 낳기만 한다. 사실 우리가 진정으로 찾고 추구하는 것은 영의 기쁨이다. 엑스타시의 본질과 지금 여기서 진정한 황홀경과 기쁨을 경험하게 해주는 책이다.

돈키호테, 햄릿, 파우스트 인간 의식 진화의 세 단계
이주엽 옮김 | 120쪽 | 13,000원

인간 의식이 변화하는 세 단계를 알기 쉽게 풀이한 책이다. 단순한 돈키호테와 같은 2차원 의식에서 복잡한 햄릿과 같은 3차원 의식을 지나 인간의 전체성, 본래의 온전함을 회복하는 단계인 파우스트와 같은 4차원 의식으로 나아가는 인간 의식의 숭고한 변화 여정을 그린 책이다.

내 안의 여성성 마주하기
이주엽 옮김 | 120쪽 | 13,000원

인간 내면에 존재하는 여성성의 다양한 요소를 알기 쉽게 설명하고 있으며, 그 여성성을 혼동하거나 오염시켰을 때 나타나는 심리 상태와 그것이 현실을 어떻게 곤란하게 하는지 이야기한다. 자기 내면의 여성성을 깨달은 이는 진정한 힘과 의미, 가치를 깨닫게 되고 실제 생활에서도 자기 인생의 행복에 기여할 진실한 인간 관계를 맺게 된다.